KOMMUNALFORSCHUNG FÜR DIE PRAXIS

Heft 11

Klaus Schmidt

Dorferneuerung und Flurbereinigung

– Ziele, Richtlinien, Förderung –

KOMMUNALWISSENSCHAFTLICHES FORSCHUNGSZENTRUM WÜRZBURG

CIP-Kurztitelaufnahme der Deutschen Bibliothek

Schmidt, Klaus:
Dorferneuerung und Flurbereinigung : Ziele, Richtlinien, Förderung / Klaus Schmidt. – Stuttgart ; München ; Hannover : Boorberg, 1982.
    (Kommunalforschung für die Praxis ; H. 11)
    ISBN 3-415-00995-5
NE: GT

Satz und Druck: Sulzberg-Druck GmbH, Sulzberg im Allgäu
Einband: Dollinger GmbH, Metzingen
© Richard Boorberg Verlag GmbH & Co, Stuttgart · München · Hannover 1982

Vorwort

Die Einstellung der Bürger zur Umwelt hat sich in den vergangenen Jahren in positiver Weise gewandelt. Man hat u. a. auch erkannt, daß der „Gesichtsverlust" von Städten und Gemeinden im eigenen Interesse und im Interesse künftiger Generationen nicht hingenommen werden darf. Erfreulicherweise hat speziell der ländliche Raum von diesem Umdenkungsprozeß profitiert. Es hat sich die Auffassung durchgesetzt, daß es intensiver Anstrengungen bedarf, um die Lebensqualität ländlicher Räume zu erhalten sowie der Verödung und dem Zerfall historischer Strukturen entgegenzuwirken.

Die Dorferneuerung hat hier neue Impulse gegeben, wobei sich die Einbettung in das Flurbereinigungsverfahren als sinnvoll erwiesen hat. Im Rahmen von Dorferneuerungsmaßnahmen wirken Bürger, Gemeinden und staatliche Stellen zusammen, um erforderliche Schritte im Sinne der Erhaltung eines gesunden Wohnumfeldes einzuleiten. Erste Ergebnisse zeigen, daß sich die Anstrengungen lohnen.

„Der Dorferneuerung sollte in der Zukunft eine größere Chance gegeben werden", betonte im Rahmen der Eröffnungsveranstaltung der Flurbereinigungsfachtagung 1982 in Lindau der Vorsitzende des Bayerischen Gemeindetages und Präsident des Bayerischen Senats, Oberbürgermeister *Dr. Hans Weiß*. Optimale Ergebnisse erforderten eine enge und vertrauensvolle Zusammenarbeit bei Anerkennung der unterschiedlichen Aufgabenstellungen.

Nur unterstreichen kann man deshalb Weiß' Forderung nach einem möglichst frühen Austausch von Informationen: „Die Gemeinden wollen nicht durch Entscheidungen überrascht werden, die sie in kommunalpolitischen Zugzwang setzen und das Gefühl erwecken, nur das vollziehen bzw. bezahlen zu dürfen, was die Teilnehmergemeinschaft bereits beschlossen hat."

Das vorliegende Heft 11/12 der „Kommunalforschung für die Praxis" ist in erster Linie für den Praktiker in Gemeinderat und Verwaltung gedacht, ebenso wie für den engagierten Bürger. Es will Interesse für Dorferneuerungsmaßnahmen wecken, einen Einstieg in die Materie bieten sowie Hilfen und Anregungen für die Praxis geben. Diese Schrift kann und soll jedoch nicht den Kontakt mit den zuständigen staatlichen Stellen ersetzen. Im Gespräch mit den Beamten der jeweiligen Ministerien bzw. nachgeordneten Behörden werden Gemeindevertreter umfassendere Beratung erfahren. In jedem Fall sollten sie aber auch bei der Fachberatung daran denken, daß es um **ihr** Dorf geht. Zudem gibt die vorliegende Arbeit eine kurz gefaßte, systematische Darstellung des Gesamtbereichs „Dorferneuerung/Flurbereinigung".

Prof. Dr. Franz-Ludwig Knemeyer

Gliederung

I.	**Die Wiederentdeckung des Dorfes**	7
1.	„Stadtflucht" in Deutschland	7
2.	Die Bürger entdecken ihre Umwelt neu	7
3.	Gestaltungswettbewerbe schaffen Breitenwirkung	8
4.	Der Gesetzgeber ist tätig geworden	8
4.1	Städtebauförderungsgesetz	9
4.2	Flurbereinigungsgesetz	10
4.3	Bundesbaugesetz	10
4.4	Bauordnungsrecht	10
II.	**Historische Grundlagen**	11
III.	**Was bedeutet Dorferneuerung?**	12
1.	Begriffserklärung	12
2.	Adressatenkreis	13
2.1	Einwohnerzahl als Richtmaß	13
2.2	Sonstige Kriterien	13
IV.	**Der „Dorferneuerungsboom" Ende der 70er Jahre**	14
1.	Bundesprogramm für Zukunftsinvestitionen	14
2.	Förderung durch Bundesländer	14
V.	**Das Dorferneuerungsverfahren**	16
1.	Unterschiedliche Verfahren in den Bundesländern	16
2.	Gefahr von Kompetenzkonflikten	18
2.1	Verfassungsrechtliche Problematik	18
2.2	Dorferneuerungsplan als Koordinierungsinstrument	19
2.2.1	Die Rechtsnatur des Dorferneuerungsplans	19
2.2.2	Inhalt des Dorferneuerungsplans	20
3.	Die Gemeindeplanung nach dem Bundesbaugesetz	22
3.1	Der Flächennutzungsplan	22
3.2	Der Bebauungsplan	22
3.3	§ 34 BBauG	23
3.4	§§ 39 a – 39 i BBauG	23
3.5	§ 25 BBauG	24
3.6	Zusammentreffen von Flurbereinigungsplanung und Planung nach dem Bundesbaugesetz	25
4.	Die Möglichkeiten des Bauordnungsrechts	25
4.1	Das allgemeine Verunstaltungsverbot	25
4.2	Baugestaltungsverordnung / Satzung	26
4.2.1	Historische Entwicklung	26
4.2.2	Gestaltungsmöglichkeiten durch örtliche Vorschriften	27
4.3	„Musterbeispiel" Königsberg/Ufr.	29
4.4	Vier Grundtypen von Gestaltungssatzungen	30
4.4.1	Denkmalschutz- bzw. Ensemblesatzungen	30
4.4.2	Struktursatzungen	31
4.4.3	Neubausatzungen	31

VI.	Bürgerbeteiligung – Bürgermitwirkung	31
1.	Bürgernähe und offene Planung erforderlich	31
2.	Welche Möglichkeiten der Bürgerinformation bzw. Bürgermitwirkung stehen zur Verfügung?	32
3.	Aktuelle Beispiele	33
3.1	Gemeinde Arnstein	33
3.2	Gemeinde Hüttenheim	34
4.	Ein Arbeitskreis für Dorfentwicklung?	34
5.	Ergebnis	35

VII.	Aktivitäten auf dem Gebiet der Stadt- bzw. Dorferneuerung im europäischen Ausland	35
1.	Gesamteuropäische Strategien	35
2.	Appell von Granada	36
3.	Europäische Kampagne für Stadterneuerung	37
4.	Beispiele für Erneuerungsmaßnahmen im Ausland	37
4.1	Österreich	38
4.2	Schweiz	38
4.3	Italien	40
4.4	Frankreich	41

VIII.	Aktuelle Rechtsprechung	42
1.	Spannungsverhältnis Privateigentum – Gemeinwohl (Art. 14 Grundgesetz)	42
2.	Die jüngere Rechtsprechung	43
2.1	Bauordnungsrecht	43
2.1.1	Art. 91 BayBO (bislang Art. 107 Abs. 1 BayBO)	43
2.1.2	§ 103 Abs. 1 Nr. 1 BO NW	45
2.1.3	Art. 12 Abs. 2 (bislang Art. 11 Abs. 2) BayBO – Allgemeines Verunstaltungsverbot	46
2.1.4	Art. 11 Abs. 1, Abs. 2 BayBO	47
2.1.5	§ 15 BO NW	48
2.2	Bauplanungsrecht	50
3.	Zusammenfassung	53

IX.	Fördermöglichkeiten	53
1.	Grundsatz: Keine Vollförderung	53
2.	Bayerische Dorferneuerungsrichtlinien	54
3.	Förderung im Ländervergleich	54
4.	Ansprechpartner für Interessenten	55
5.	Initiative Rheinland-Pfalz	55
6.	Zusammenfassung	57

X.	Ausblick	57

Anhang:

1.	Allgemeine Hinweise zur Planung der Dorferneuerungsmaßnahmen	60
2.	Bürgerinformation zur Dorferneuerung in Hüttenheim	62
3.	Gemeindeverordnung über die Baugestaltung im Altstadtbereich von Königsberg/Ufr.	65

Literaturverzeichnis

Agrarsoziale Gesellschaft Göttingen, Erfahrungen mit der Dorferneuerung im Rahmen des Programms für Zukunftsinvestitionen. ASG-Materialsammlung Nr. 146, Göttingen 1980.

Akademie für Politik und Zeitgeschehen der Hanns-Seidel-Stiftung e. V., Perspektiven für die Zukunft unserer Städte und Dörfer, München 1971.

Arbeitskreis „Historische Stadtkerne" der deutschen UNESCO-Kommission, Sanierung historischer Stadtkerne im Ausland. Schriftenreihe des Bundesministers für Raumordnung, Bauwesen und Städtebau, 02.002, Bonn 1975.

Bayerisches Staatsministerium für Ernährung, Landwirtschaft und Forsten, Berichte aus der Flurbereinigung 39/1981, München 1981.

Bayerisches Staatsministerium des Innern/Gemeinde Oberhaching, Oberhachinger Baufibel 1971, München 1977.

Bayerisches Staatsministerium für Landesentwicklung und Umweltfragen, Maßnahmenkatalog für den ländlichen Raum, München 1982.

Bundesministerium für Raumordnung, Bauwesen und Städtebau, Praxis des Umgangs mit erhaltenswerter Bausubstanz, Bd. 02.003 der Schriftenreihe „Stadtentwicklung" des Bundesministers für Raumordnung, Bauwesen und Städtebau, Bonn 1975.

Dieterich, Hartmut, Fahrenholtz, Christian, Städtebauförderungsgesetz für die Praxis, Gesetzestext und systematische Darstellung des praktischen Verfahrensablaufs von Sanierungs- und Entwicklungsmaßnahmen, Stuttgart 1972.

Eisfeld, Dieter, Die Stadt der Stadtbewohner, neue Formen städtischer Demokratie, Stuttgart 1973.

Fischer-Menzel, Helgrid/Wernicke, Michael, Bürgerbeteiligung bei der Stadterneuerung, Schriftenreihe „Stadtentwicklung" des Bundesministers für Raumordnung, Bauwesen und Städtebau, Nr. 02.020, Bonn 1980.

Fritz-Vietta, Rainer, Stadterneuerung in Hessen, Frankfurt 1981.

Heck, Ludwig, Wohnumwelt, siedlungsstrukturelle Bedingungen des Wohnens, Forschungsbericht 12, hrsg. i. Auftr. d. Konrad-Adenauer-Stiftung, St. Augustin 1981.

Landesamt für Flurbereinigung und Siedlung Baden-Württemberg (Ludwigsburg), Flurbereinigung und Städtebauförderungsgesetz, Stuttgart 1973.

Lehrstuhl für ländliche Neuordnung und Flurbereinigung der Techn. Universität München, Dorferneuerung in der Flurbereinigung, Materialiensammlung Nr. 3 des Lehrstuhls für ländliche Neuordnung und Flurbereinigung, München 1979.

Schröder, Heinjo, Stadtsanierung in Planung und Durchführung, Bericht über eine projektbezogene Arbeitsgemeinschaft, Hochschule für Verwaltungswissenschaften Speyer, Speyerer Arbeitshefte 36, 1980.

I. Die Wiederentdeckung des Dorfes

1. „Stadtflucht" in Deutschland

Der ländliche Raum hat für den Bürger als Wohnbereich an Attraktivität gewonnen. Auch wenn in jüngster Zeit der Trend „weg von der Stadt" nicht zuletzt in Anbetracht gestiegener Energiekosten gebremst scheint, kann nach wie vor konstatiert werden, daß gerade für den in der Stadt lebenden Menschen das Leben auf dem Lande reizvoller erscheint – selbst wenn man dieses Stück mehr Lebensqualität durch Abstriche, etwa beim kulturellen oder sportlichen Angebot, erkaufen muß. Neben handfesten finanziellen Gründen (z.B. günstigerer Grunderwerb), muß die Sehnsucht nach überschaubaren, vertrauten „urbanvitalen Topographien"[1] als Hauptmotiv für diese Art „Stadtflucht" angegeben werden.

Der Schein ungetrübten Landlebens erweist sich jedoch vielfach als trügerisch. Die ersehnte Idylle entpuppt sich oft als Trugbild. Nach der Wiederaufbau- und Wachstumsphase der 50er und 60er Jahre stellen sich unsere Dörfer vielfach als Miniaturausgaben der Städte dar. Beton ist der beherrschende Baustoff.

Diskotheken, grelle Leuchtreklamen und Plastikbauteile aus dem Versandhauskatalog sorgten jahrelang für einen Großstadt-Abklatsch. Der falsche Ehrgeiz, städtische Bauweisen kopieren zu wollen, hat viele Dörfer in ihrer Vielfalt und ihrem typischen Charakter zerstört. Eine Entwicklung, die zur Nivellierung von Ortsbildern bei gleichzeitiger indirekter Aufgabe der eigenen Identität geführt hat. Die Begriffe „Ortssanierung" bzw. „Ortserneuerung" wurden im übrigen meist in einem Atemzug mit dem Abrißbagger und der Planierraupe genannt.

2. Die Bürger entdecken ihre Umwelt neu

Die sich seit Ende der 60er bzw. Anfang der 70er Jahre wandelnde Einstellung der Bevölkerung zu ihrer Umwelt, verbunden mit einem geschärften Traditions- und Wertbewußtsein, hat sich als fruchtbar auch für die Erhaltung, Erneuerung und Neugestaltung von Stadtkernen, Dörfern und Siedlungen erwiesen. Auf offizieller Seite ist die Einsicht gewachsen, sich an der Erhaltung ländlichen Lebensraumes und gewachsener Strukturen aktiv zu beteiligen. Man kann gelegentlich beobachten, daß sich sogar eine Art Erneuerungsenthusiasmus ausgebreitet hat, der in dieser Form unrealistisch bzw. gänzlich unerwünscht sein dürfte. Die Handlungsmotive dabei sind mannigfaltig. Zumindest in bestimmten Regionen dürfte speziell der Gesichtspunkt des Fremdenverkehrs von großer Bedeutung dafür gewesen sein.

---

1 Vgl. Ausführungen von *Olaf Schwencke,* Praxis des Umgangs mit erhaltenswerter Bausubstanz, Bd. 02003 der Schriftenreihe „Stadtentwicklung" des Bundesministers für Raumordnung, Bauwesen und Städtebau, S. 7.

3. Gestaltungswettbewerbe schaffen Breitenwirkung

Ausgehend von der Erkenntnis, daß mit den nur beschränkt zur Verfügung stehenden örtlichen Finanzmitteln Erneuerungs- und Sanierungsmaßnahmen großen Stils nicht durchzuführen sind, haben nicht zuletzt viele Kleinkommunen das Instrument des Wettbewerbs geschaffen, um mit weitaus geringerem Aufwand einen ähnlich breiten Effekt zu erzielen. Generell wird man sagen können, daß diese Wettbewerbe, ob sie nun als Fassaden- oder Grün-Wettbewerbe ausgestaltet sind, von der Bevölkerung grundsätzlich positiv aufgenommen worden sind. Die Idee, Hilfe zur Selbsthilfe indirekt anzubieten, hat Früchte getragen.

Die Anfänge derartiger Wettbewerbe reichen bis in die 50er Jahre zurück. ,,Die Schönheit des Dorfes" war bereits 1952 das Motto eines Wettbewerbs im Kreise Herzogtum Lauenburg (Schleswig-Holstein). Der Kreis Schleswig veranstaltete 1957 einen Wettbewerb ,,Das schöne Dorf".[2] Auch im Freistaat Bayern wurden s. Zt. bereits Ortsverschönerungswettbewerbe durchgeführt.

Große Bedeutung in der Gegenwart hat der bundesweit durchgeführte Wettbewerb ,,Unser Dorf soll schöner werden", der auf die Initiative von Graf Lennart Bernadotte, des Präsidenten der Deutschen Gartenbaugesellschaft, zurückzuführen ist. Grundlage für die Auslobung des 1. Bundeswettbewerbs ,,Unser Dorf soll schöner werden" im Jahre 1961 war die ,,Grüne Charta von der Mainau", die anläßlich des 5. Mainauer Gesprächs verabschiedet worden war.

Die beiden wesentlichen Grundideen dieses Wettbewerbs sind wie folgt zu skizzieren:[3]

a) Die Initiative liegt im Rahmen dieses Wettbewerbs bei den Dörfern und ihren Bewohnern, auch wenn der Staat Durchführung und Organisation des Wettbewerbs übernommen hat.

b) Bei diesem Wettbewerb wird nicht mit Gesetzen, Verordnungen und Verwaltungsakten gearbeitet, sondern an die Einsicht und das Verständnis der Dorfbewohner appelliert.

Die Teilnehmerzahl hat sich stetig vergrößert. Waren 1961 noch genau 1984 Dörfer beteiligt, so wurde inzwischen die Zahl von 5000 Teilnehmern je Wettbewerb überschritten. Rd. 2 Mio Bürger beteiligen sich im übrigen alle 2 Jahre an Gemeinschaftsleistungen, um ihr Wohnfeld zu verbessern.[4]

4. Der Gesetzgeber ist tätig geworden

Bundes- und Landesgesetzgeber haben ihrerseits den allgemeinen gesellschaftlichen Umdenkungsprozeß legislatorisch begleitet, wobei die entsprechenden

---
2 Vgl. Städte- und Gemeindebund 1982, 92.
3 Städte- und Gemeindebund 1982, 93.
4 Siehe Städte- und Gemeindebund 1982, 93.

Gesetzesvorstöße bzw. einschlägigen Novellierungen schwerpunktmäßig in die 70er Jahre fallen.

4.1 Das Gesetz über städtebauliche Sanierungs- und Entwicklungsmaßnahmen in den Gemeinden **(Städtebauförderungsgesetz)** vom 27. 7. 1971 (BGBl. I S. 1125) macht in § 1 Abs. 1 deutlich, daß städtebauliche Sanierungsmaßnahmen nicht nur in den Städten in Frage kommen, sondern auch auf dem Lande entsprechende Maßnahmen notwendig sein können.[5] Es wurde erkannt, daß Erneuerungsmaßnahmen nicht allein auf die Großstädte beschränkt bleiben dürfen. Das Städtebauförderungsgesetz bietet den Gemeinden eine Reihe rechtlicher Eingriffsmöglichkeiten, um eine Sanierung durchführen zu können, z. B. die Genehmigungspflicht für Vorhaben und Rechtsvorgänge in Sanierungsgebieten (§ 15), Vorkaufs- und besonderes Grunderwerbsrecht (§§ 17, 18) sowie erleichterte Enteignungsmöglichkeiten (§ 22). Es schafft ferner bessere Voraussetzungen, Bau-, Nutzungs-, Abbruch- oder Modernisierungs- sowie Instandsetzungsgebote nach dem Bundesbaugesetz zu erlassen. Schließlich ergibt sich die Möglichkeit, Miet- und Pachtverhältnisse aufzuheben (§§ 26 ff.). Diesen Eingriffsmöglichkeiten stehen besondere soziale Schutzbestimmungen gegenüber, wie z. B. die Berücksichtigung persönlicher Verhältnisse der Sanierungsbetroffenen im Sozialplan (§ 8, Abs. 2), die Mitwirkungsmöglichkeiten Privater bei der Durchführung und Schutzbestimmungen für Mieter und Pächter[6] (z. B. § 30). Nach dem ausdrücklichen Gesetzeswortlaut ist das Städtebauförderungsgesetz dabei auf städtebauliche Sanierungs- und Entwicklungsmaßnahmen in Stadt und Land anzuwenden, deren „einheitliche Vorbereitung und zügige Durchführung im öffentlichen Interesse liegt" (§ 1 Abs. 1 StBauFG).

Es darf freilich nicht übersehen werden, daß dem Städtebauförderungsgesetz bei der Durchführung von Dorferneuerungsmaßnahmen nur eine beschränkte Relevanz zukommt. Auch wenn das Gesetz einen wichtigen Schritt nach vorn bedeutet, haben sich jedoch in der Praxis vielfältige Reibungsverluste und Schwierigkeiten ergeben. Unter dem Aspekt der Dorferneuerung sind vom Städtebauförderungsgesetz bislang relativ wenig Impulse ausgegangen, so daß hinsichtlich des künftigen Umgangs mit diesem Gesetz die Skepsis überwiegt.[7]

Nach Ansicht des Bayerischen Staatsministeriums für Ernährung, Landwirtschaft und Forsten[8] kommt das Städtebauförderungsgesetz als Instrument für die Dorf-

---

5 Vgl. grundlegend dazu *Jürgen Richter,* Möglichkeiten des Städtebauförderungsgesetzes bei der Erneuerung von Städten und Dörfern, in: BayBgm 7/1979, S. 26 ff.; *Dieterich Fahrenholtz,* Städtebauförderungsgesetz für die Praxis, Stuttgart 1972.
6 Vgl. BayBgm 7/1979, S. 26.
7 Siehe bereits *Gerner,* in: Flurbereinigung und Städtebauförderungsgesetz, hrsg. vom Landesamt für Flurbereinigung und Siedlung Baden-Württemberg im Auftrage des Ministeriums für Ernährung, Landwirtschaft und Umwelt Baden-Württemberg, Stuttgart 1973, S. 43.
8 Informationsschrift „Bayerisches Dorferneuerungsprogramm", hrsg. vom Bayerischen Staatsministerium für Ernährung, Landwirtschaft und Forsten, München 1982, S. 1.

erneuerung insbesondere deshalb nicht in Betracht, als es sich für ländliche Verhältnisse „als zu kompliziert" erwiesen habe.

Konkret dürften die Kritiker die relativ umständliche Handhabung der entsprechenden Vorschriften, das damit verbundene langjährige Verfahren und den doch sehr stark von der jeweiligen konjunkturellen Lage abhängigen Förderungsrahmen im Auge gehabt haben. Auch haben insbesondere kleinere Gemeinden Schwierigkeiten, die erforderlichen Eigenmittel aufzubringen.[9]

Dementsprechend machten beispielsweise 1978 Gemeinden ohne zentralörtliche Funktionen nur einen Anteil von 3% im Bundesprogramm aus.[10] Es gibt somit Untergrenzen für die effiziente Anwendbarkeit des Städtebauförderungsgesetzes, sowohl den sachlichen Voraussetzungen nach, als auch im Hinblick auf Verwaltungsaufwand, Finanz- und Verwaltungskraft der Kommunen.

Daß es sich bei dieser kritischen Einschätzung keinesfalls um ein einhelliges Expertenurteil handelt, soll an dieser Stelle nicht verschwiegen werden.[11]

4.2 Das Flurbereinigungsgesetz i. d. F. d. Bek. vom 16. 3. 1976 (BGBl I S. 546) geändert d. Art. 4 Gesetz zur Berücksichtigung des Denkmalschutzes im Bundesrecht vom 1. 6. 1980 (BGBl. I S. 649), sieht in § 37 Abs. 1 ausdrücklich die Durchführung von Dorferneuerungsmaßnahmen vor.

4.3 Im **Bundesbaugesetz** i. d. F. d. Bek. vom 18. 8. 1976 (BGBl. I S. 2257) ist in § 1 Abs. 6 festgelegt, daß bei der Aufstellung von Bauleitplänen insbesondere die erhaltenswerten Ortsteile, Bauten, Straßen und Plätze von geschichtlicher, künstlerischer oder städtebaulicher Bedeutung zu berücksichtigen sind. Gleichermaßen soll bei der Aufstellung von Flächennutzungsplänen (vorbereitende Bauleitpläne) und Bebauungsplänen (verbindliche Bauleitpläne) auf die Gestaltung des Ortsbildes Rücksicht genommen werden.

4.4 Auch im **Bauordnungsrecht** lassen sich Normen mit direktem Bezug zu Dorferneuerungsmaßnahmen ausmachen. Bedeutung haben insbesondere örtliche Gestaltungssatzungen erlangt. Stellvertretend sei an dieser Stelle lediglich Art. 91 BayBO **(bislang Art. 107 BayBO)** angeführt. Danach kann die Gemeinde örtliche Bauvorschriften, etwa hinsichtlich der äußeren Gestaltung baulicher Anlagen, soweit dies zur Durchführung bestimmter städtebaulicher Absichten erforderlich ist, erlassen.

Die hier nur auswahlweise genannten Vorschriften beweisen, in welchem Maße Bundes- bzw. Landesgesetzgeber die neuen Tendenzen auf dem Gebiet der Ortserhaltung bzw. Ortserneuerung aufgegriffen und gesetzlich begleitet haben.

---

9 Vgl. der landkreis 1979, 69.
10 der landkreis 1979, 68.
11 Vgl. nur *Schmidt,* in: BayBgm 7/1979, S. 11; *Schafft,* Anwendung des Städtebauförderungsgesetzes im ländlichen Bereich, in: der landkreis 1978, 371f., insbs. 373f.

II. Historische Grundlagen

Die Wurzeln der Dorferneuerung bzw. „Dorfverschönerung" reichen bereits bis ins 18. bzw. 19. Jahrhundert zurück. Der Architekt in Fulda und spätere Königlich-Bayerische Baurat Dr. *Gustav Vorherr* (1778–1847)[12] führte bereits 1817 aus:

„Erst sind die Dörfer und die Teile des platten Landes zu verschönern, dann muß die Reihe an die Städte und zuletzt an die Residenzen der Großen kommen."[13]

Als Maßnahmen wurden damals etwa die Pflege einer zweckmäßig ländlichen Baukultur samt Pflege des vorhandenen Gebäudebestandes, die Befestigung und Begradigung von Straßen nebst Gehwegen oder auch die „Eingrünung" von Straßen, Plätzen und des Ortsrandes angeführt.[14]

Auch tauchte damals schon (1822) der Vorschlag auf, Prämien für gut gelungene Verschönerungen von Dörfern und Fluren zu gewähren. Nicht unerwähnt bleiben soll freilich in diesem Zusammenhang, daß s. Zt. die Belassung ökologischer Zellen in der Kulturlandschaft nicht im Vordergrund stand. „Sanierung" wurde primär als eine Art des „Sich-Luftmachens" verstanden. Dem Niederreißen und Beseitigen von vermeintlich häßlichen und unnützen Bauwerken fielen zahlreiche – aus unserer heutigen Sicht – erhaltenswerte Bauten zum Opfer. Insbesondere waren Stadtbefestigungen und Stadttore betroffen.

Dennoch: Ohne übertreiben zu wollen, kann gesagt werden, daß das Gedankengut der Vorreiter in Sachen Dorferneuerung in unserem Jahrhundert weiter wirkt, wobei heute allerdings die rechtlichen und materiellen Voraussetzungen für eine umfassende Realisierung der Vorhaben bestehen.

Nachdem nicht zuletzt infolge verschiedenster Kriegswirren Bemühungen um die Erhaltung bzw. Sanierung von Städten und Gemeinden darniedergelegen waren, tauchten zu Beginn der 50er Jahre, gleichsam als Vorreiter der heutigen Dorferneuerung, die Begriffe „Dorfregulierung" und „Dorfauflockerung" zunächst als rein technische Synonyme auf.[15] Speziell diese Begriffe werden auch im Flurbereinigungsgesetz von 1953 als Ordnungsmaßnahmen genannt. Auch die Bezeichnung „Ortsauflockerung" wird gebraucht, und zwar in Zusammenhang mit dem Abbruch und der Umgestaltung vorwiegend landwirtschaftlicher Bausub-

---

12 Zur Person und Verdiensten Vorherrs siehe *Gerd Däumel*, Gustav Vorherr und die Landesverschönerung in Bayern, in: Beiträge zur Landespflege Bd. 1, Stuttgart 1963.
13 Zit. nach: Berichte aus der Flurbereinigung 39/1981, hrsg. vom Bayerischen Staatsministerium für Ernährung, Landwirtschaft und Forsten, Abt. Ländliche Neuordnung durch Flurbereinigung, S 79.
14 Vgl. Berichte aus der Flurbereinigung (FN 13), S. 52f.
15 Vgl. *Hoisl*, Standortbestimmung zur Dorferneuerung, in: Dorferneuerung in der Flurbereinigung. Materialiensammlung Nr. 3 der Technischen Universität München, 1979, S. 10.

stanz.[16] **Ende der 50er Jahre,** also noch weit vor dem Inkrafttreten des Städtebauförderungsgesetzes im Jahre 1971, taucht der Begriff „Dorferneuerung" bei landwirtschaftlichen Strukturverbesserungen in Zusammenhang mit Flurbereinigung, Althofsanierung und Aussiedlung auf.[17] Gleichzeitig werden Begriffe wie „Dorfregulierung", „Ortsauflockerung" oder „Dorfsanierung" verdrängt. Gleichsam als übergreifender Begriff beinhaltet die Dorferneuerung jetzt die Sanierung und Entwicklung der Dörfer. Wie Heinz *Möser*[18] ausführt, werden hierbei sämtliche Maßnahmen erfaßt, die der Ordnung, Gestaltung und Entwicklung ländlicher Siedlungen dienen, mit dem Ziel, die Lebens- und Arbeitsbedingungen der Menschen im ländlichen Raum zu verbessern.

III. Was bedeutet Dorferneuerung?

1. Begriffsklärung

Der schillernde Begriff „Dorferneuerung", wie er sich in jüngster Zeit durchgesetzt hat, beschreibt nur ungenau die eigentliche Zielsetzung der Vorhaben, wie sie etwa im bayerischen Dorferneuerungsprogramm zum Ausdruck kommt. Als Hauptziel ist dort u. a.[19] die erhaltende Erneuerung und Gestaltung ländlicher Siedlungseinheiten genannt. Eine geordnete städtebauliche Entwicklung will man fördern, städtebauliche Mißstände sollen behoben oder zumindest gemildert werden. Ausdrücklich wird darauf hingewiesen, daß auf erhaltenswerte Ortsteile, Bauten, Straßen und Plätze von geschichtlicher, künstlerischer oder städtebaulicher Bedeutung sowie auf die Gestaltung des Orts- und Landschaftsbildes Rücksicht zu nehmen ist. Wie die nähere Bestimmung der Begriffe im bayerischen Dorferneuerungsprogramm zeigt, wäre es also auch durchaus zu rechtfertigen, etwa die Begriffe „Dorfentwicklung", „Dorferhaltung" oder etwas ähnliches zu gebrauchen.[20] Es wäre sogar falsch, unter Dorferneuerung eine Erneuerung im eigentlichen Sinne zu verstehen. Es soll in diesem Zusammenhang auch daran erinnert werden, daß unter dem Etikett „Erneuerung" in der Vergangenheit Unfug getrieben wurde, als nämlich gewachsene Strukturen zerstört und der Großstadt in falsch verstandenem Ehrgeiz nachgeeifert wurde.

Festzuhalten bleibt: Ziel und Aufgabe der Dorferneuerung sollte es sein, gewachsene Dörfer und Strukturen zu erhalten, den Charakter eigenständiger Dörfer zu bewahren, dörfliche Lebensgemeinschaften zu stützen, zur Freude am Wohnen im Dorf beizutragen, aber dennoch den Dörfern die für die Zukunft

---

16 *Hoisl,* Standortbestimmung (FN 15), S. 10.
17 Vgl. *Stahl,* Die Dorferneuerung und ihre Bedeutung für die Raumordnung. Informationsbriefe für Raumordnung R 6.3.6, hrsg. vom Bundesminister des Innern, Bonn 1968.
18 Vorlesungs-, Seminar- und Arbeitsunterlagen des Lehrstuhls für ländliche Neuordnung und Flurbereinigung der Techn. Universität München, 1974–1976.
19 Bayerisches Dorferneuerungsprogramm (FN 8), S. 2.
20 So auch *Bendixen,* in: der landkreis 1981, 151.

erforderlichen Entwicklungsmöglichkeiten offen zu halten. „Verschönerung" allein genügt dem Dorf nicht mehr.[21]

2. Adressatenkreis

2.1 Einwohnerzahl als Richtmaß

Ebenso wie für den Begriff der Dorferneuerung selbst läßt sich für das Dorf, den eigentlichen Adressaten der Erneuerungsmaßnahmen, keine allgemeingültige Definition finden. In der Vorstellungswelt vieler Menschen stellt das Dorf eine überschaubare Siedlung dar, deren Erscheinungsbild durch die Landwirtschaft geprägt ist.[22] Weitaus griffiger ist die Definition, die von *Hoisl*[23] angeboten wird. Danach fallen unter den Begriff „Dorf" alle Gemeinwesen, die

a) im ländlichen Raum liegen,

b) als Kleinzentren (zentrale Orte niedrigster Stufe) und darunter einzugruppieren sind,

c) von der geschichtlichen Entwicklung her vorwiegend von der Urproduktion geprägt sind.

Abermals genauer läßt sich der Begriff „Dorf" eingrenzen, wenn man die Einwohnerzahl als Richtmaß zugrunde legt. Sowohl die vom Bund als auch die von den Ländern erarbeiteten Grundsätze und Richtlinien zur Dorferneuerung bestimmen das förderungswürdige Dorf durch eine Einwohnerzahl von max. 2000 Menschen. Die bayerischen Richtlinien für die Förderung der Dorferneuerung zur integralen Verbesserung der Agrarstruktur („Dorferneuerungsrichtlinien") in der Bekanntmachung des Bayerischen Staatsministeriums für Ernährung, Landwirtschaft und Forsten vom 14. 3. 1978[24] bestimmen, daß die zu fördernde Gemeinde „in der Regel" nicht mehr als 2000 Einwohner haben sollte. Der Kreis der Gemeinden, der somit grundsätzlich in den Genuß von Förderung im Rahmen der Dorferneuerungsmaßnahmen gelangen kann, ist damit folglich relativ weit gezogen. So umfaßt die Zielgruppe allein in Bayern rd. 8000 Siedlungseinheiten mit Einwohnerzahlen zwischen 100–2000 Menschen. Nur am Rande sei darauf hingewiesen, daß die staatlichen Angebote sehr rege nachgefragt werden. Von über 500 Gemeinden liegen bereits Anträge zur Durchführung der Dorferneuerung vor. Für Neuanträge dürfte folglich zunächst wenig Raum bleiben.

2.2 Sonstige Kriterien

Neben der rein einwohnermäßigen Begrenzung der förderungsfähigen Gemeinden ist vielfach die Chance genutzt worden, in den entsprechenden Richtlinien

---

21 Siehe auch *Wiedermann* DEMO 82, 422f.; *Pieper*, Städte- und Gemeinderat 82, 195ff.
22 Vgl. Städte- und Gemeindebund 1982, S. 92.
23 Standortbestimmung (FN 15), S. 10.
24 LMBl. 1978, S. 90ff.

Förderungsschwerpunkte zu fixieren. So sehen etwa die bereits genannten bayerischen Dorferneuerungsrichtlinien die bevorzugte Behandlung von Gemeinden im Zonenrandgebiet, in sonstigen benachteiligten Gebieten oder auch in Landkreisen vor, die einen negativen Wanderungssaldo aufweisen. Im Katalog der bevorzugt zu fördernden Kommunen sind darüber hinaus Gemeinden genannt, die im Zuge der Gebietsreform ihre Selbständigkeit verloren haben.

IV. Der „Dorferneuerungsboom" Ende der 70er Jahre

1. Bundesprogramm für Zukunftsinvestitionen

Einen großen Aufschwung erfuhr die Dorferneuerung durch das sog. Programm für Zukunftsinvestitionen (ZIP) im Jahre 1977.[25] Im Rahmen des speziell zur Konjunkturbelebung eingesetzten Programms, das 1980 zum Leidwesen vieler Gemeinden ausgelaufen ist, wurden insgesamt rd. 268 Mio DM an Fördermitteln zur Verfügung gestellt. Obwohl dem Zukunftsinvestitionsprogramm durchaus eine Art „Initialzündung" zugesprochen werden kann, hat das Förderungsprogramm des Bundes vielfältige Kritik erfahren. Bereits vor Beginn des Programms waren viele Experten der Auffassung, die Maßnahmen seien zu kurzfristig angelegt und müßten daher über den vorgesehenen begrenzten Zeitraum hinaus geführt werden.

Kritik hat auch die Förderungspraxis gefunden. Nach den Erfahrungen *Bendixens*[26] hat die damalige Bewilligungspraxis vielfach dazu geführt, daß teilweise Dörfer gefördert wurden, die der Förderung gar nicht so dringlich bedurften. *Bendixen* wörtlich:

„Es waren sehr kurzfristig Anträge zu stellen. Und wo bereits zufällig ein Plan der Gemeinde für als notwendig oder sinnvoll erachtete Maßnahmen der Sanierung, Neugestaltung oder Erhaltung eines Dorfes vorlag, war ein wesentliches Kriterium für eine Einbeziehung in die Förderung bereits erfüllt."

Kritisch bemerkt *Bendixen* weiter, daß nicht ausreichend geplant werden konnte oder daß für die Beratung einzelner Maßnahmen zu wenig oder gar keine Zeit vorhanden war. Dringend erforderliche Maßnahmen privater Träger habe man nicht berücksichtigen können, weil das erforderliche Eigenkapital nicht vorhanden gewesen sei. Nicht zuletzt deshalb seien schließlich vor allen Dingen öffentliche Investitionen gefördert worden, die der Erhaltung dörflich geprägter Ortsbilder und damit einer sinnvollen Dorferneuerung entgegenliefen.

2. Förderung durch Bundesländer

Von seiten der Bundesländer wurden die Fördermaßnahmen nach dem Zukunftsinvestitionsprogramm des Bundes auf verschiedene Art und Weise ergänzt bzw.

---
25 Deutscher Bundestag, 8. Wahlperiode; BT-Drucksache 8/1780.
26 der landkreis 1981, S. 151.

nach dem Auslaufen des Sonderprogramms fortgesetzt. Dies geschah nicht zuletzt aus der Erkenntnis heraus, daß Dorferneuerungsmaßnahmen nicht auf einen Zeitraum von wenigen Jahren beschränkt werden können, diese vielmehr schrittweise und langfristig angelegt werden müssen.[27] Besonderes Engagement auf dem Gebiet der Dorferneuerung hat dabei Bayern entwickelt, das nach Auslaufen des Zukunftsinvestitionsprogrammes des Bundes Ende 1980 die bisherige Förderung in einem bayerischen Dorferneuerungsprogramm im Rahmen der Flurbereinigung fortgeführt hat. Dementsprechend wurden bereits im Doppelhaushalt 1981/82 des Freistaates erhöhte Dorferneuerungsmittel von jeweils 35,5 Mio DM bereitgestellt, die im Nachtragshaushalt 1982 um weitere 8,0 Mio DM auf 43 Mio DM aufgestockt wurden. **Das folgende Schaubild gibt einen Überblick über die Förderung der Dorferneuerung im Zeitraum 1977–1980:**

Daten zur Dorferneuerung
Förderung der Dorferneuerung 1977–1980

	Siedlungseinheiten	staatliche Fördermittel
In Bayern wurden insgesamt gefördert:	550	131 Mio DM
davon		
im Rahmen des Zukunftsinvestitionsprogramms (ZIP) (Beteiligung: 60% Bund, 40% Land)	300	67 Mio DM davon Bayern: 27 Mio DM
aus zusätzlichen Landesmitteln des Freistaates Bayern (BIP)	250	64 Mio DM

Maßnahmen auf dem Gebiet der Dorferneuerung 1981–1984

Das Schwergewicht der Maßnahmen wird wie in den vergangenen Jahren bei der sog. umfassenden Dorferneuerung liegen. Dabei entfallen die meisten Maßnahmen und Investitionen auf Siedlungseinheiten in den Grenzland- und überwiegend strukturschwachen Regionen. Daneben werden auch weiterhin im Rahmen der Flurbereinigung punktuelle Dorferneuerungsmaßnahmen durchgeführt.

---

27 Zur Vorgehensweise der verschiedenen Bundesländer vgl. Aufstellung bei *HOISL*, Standortbestimmung (FN 15), S. 11.

Investitionen 1981—1984

Dorferneuerung im Rahmen der Flurbereinigung	Investitionsvolumen		Fördervolumen	
	Mio DM	in %	Mio DM	in %
Bayern insgesamt	478	100	161	100
Ländlicher Raum	433	90	141	88
— darunter Grenzland- und überwiegend strukturschwache Regionen	373	78	122	76

aus: Maßnahmenkatalog für den ländlichen Raum. Hrsg.: Bayerisches Staatsministerium für Landesentwicklung und Umweltfragen, München, 1982, S. 56.

Mit diesen Investitionsmitteln sollen von 1981 bis 1984 im ländlichen Raum in rund 1000 Siedlungseinheiten Dorferneuerungsmaßnahmen durchgeführt werden. Ein Großteil der Maßnahmen ist davon in den Grenzland- und überwiegend strukturschwachen Regionen vorgesehen.

Darüber hinaus ist beabsichtigt, im Rahmen der einzelbetrieblichen Förderung punktuelle Maßnahmen in 3700 landwirtschaftlichen Betrieben im ländlichen Raum, davon 3200 in den Grenzland- und überwiegend strukturschwachen Regionen, zu fördern.

In welch starkem Maße die Fördermittel nachgefragt werden, soll anhand der Situation im Bereich der Flurbereinigungsdirektion Würzburg (Unterfranken) exemplarisch belegt werden (Stand März 82).

Nach den vorliegenden Zahlen haben allein in diesem Bereich 86 Gemeinden Förderanträge gestellt, weitere 58 haben Interesse an entsprechenden Maßnahmen signalisiert. Finanziert werden im Moment allerdings nur Vorhaben in 38 Orten. Eine Selektion machen hierbei bereits die nur begrenzt zur Verfügung stehenden Fördermittel notwendig, wird doch grundsätzlich für jedes Dorf mit einem Zuschußbedarf in Höhe von etwa 400 000 bis 500 000 DM gerechnet.[28]

V. Das Dorferneuerungsverfahren

1. Unterschiedliche Verfahren in den Bundesländern

Die Durchführung von Dorferneuerungsmaßnahmen ist grundsätzlich in verschiedenen Verfahren möglich. Die einzelnen Bundesländer haben sich bislang noch

---

28 Bayerischer Gemeindetag 1982, 57.

nicht auf einheitliches Vorgehen einigen können. Eine Sonderstellung gegenüber den übrigen Bundesländern nimmt insbesondere der Freistaat Bayern ein. Hier werden Dorferneuerungsmaßnahmen grundsätzlich nur im Rahmen einer Flurbereinigung durchgeführt. Man verspricht sich durch die räumliche, zeitliche und finanzielle Abstimmung sowie Zusammenfassung von Dorferneuerungs- und Flurbereinigungsmaßnahmen in einem ganzheitlichen Verfahren einen starken „Bündelungseffekt". **Am Rande sei vermerkt, daß seit 1970 in Bayern die Aufstellung von Dorferneuerungsplänen in allen Flurbereinigungsverfahren vorgeschrieben ist.**[29] Während also dementsprechend in Bayern die Erarbeitung des Dorferneuerungsplanes und die spätere Ausführung in den Händen des Vorstandes der Teilnehmergemeinschaft liegt,[30] kommen in den übrigen Bundesländern auch andere Träger von Dorferneuerungs- bzw. Dorfentwicklungsmaßnahmen in Frage. Neben der genannten Teilnehmergemeinschaft nach dem Flurbereinigungsgesetz sind hier insbesondere die Gemeinden, natürliche und juristische Personen sowie Personengemeinschaften anzuführen.

Von staatlicher Seite werden bei der Durchführung von Dorferneuerungsmaßnahmen Informationen, Beratung und nicht zuletzt Fördermittel angeboten. Im Freistaat **Bayern** beispielsweise werden diese Aufgaben weitestgehend von den Flurbereinigungsdirektionen und den Ämtern für Landwirtschaft, unter Einschaltung etwa auch des Landesamtes für Denkmalschutz und ähnlichen Behörden, durchgeführt.

In **Baden-Württemberg** wiederum werden Dorfentwicklungsmaßnahmen in Verbindung mit Flurbereinigungsverfahren durch die zuständige Flurbereinigungsbehörde bzw. Obere Flurbereinigungsbehörde betreut. Bei Dorfentwicklungsmaßnahmen außerhalb des Flurbereinigungsverfahrens erfolgt die Abwicklung über die Landwirtschaftsverwaltung, auf Kreisebene wird ein beratender Koordinierungsausschuß unter Vorsitz des Landrats eingesetzt, welchem Vertreter des Landwirtschafts- und Flurbereinigungsamts, des Wasserwirtschafts-, Denkmals- und Straßenbauamts als Mitglieder angehören. Nicht zuletzt sind es die Gemeinden selbst, welche örtliche Entwicklungskonzepte betreuen.

Ohne auf die Konzeptionen in anderen Bundesländern näher eingehen zu wollen,[31] sei doch an dieser Stelle vermerkt, daß **grundsätzlich überall den Flurbereinigungsbehörden eine dominierende Stellung bei Dorferneuerungsmaßnahmen eingeräumt wird.**

So ist z.B. in Hessen die Flurbereinigungsbehörde mit der Durchführung der Dorferneuerung betraut, in **Niedersachsen** muß selbst bei Dorferneuerungsmaß-

---

29 Vgl. Hermann *Schatt,* Denkmalpflege und Dorferneuerung, in: FN 13, S. 64.
30 Die Teilnehmergemeinschaft entsteht mit dem Flurbereinigungsbeschluß und stellt eine Körperschaft des öffentlichen Rechts dar. § 16 Satz 2 FlurbG; Hauptbeteiligte der Teilnehmergemeinschaft sind die Eigentümer der zum Flurbereinigungsgebiet gehörenden Grundstücke sowie die den Eigentümern gleichstehenden Erbbauberechtigten, § 16 Satz 1 i. V. mit § 10 Nr. 1 FlurbG. In Bayern muß der Vorsitzende einer Teilnehmergemeinschaft ein Beamter des höheren Flurbereinigungsdienstes sein, § 21 Abs. 7 FlurbG i. V. mit Art. 4 Abs. 1 Satz 1 AGFlurbG.
31 Vgl. *Hoisl,* Standortbestimmung (FN 15), S. 11 f.

nahmen **ohne** Flurbereinigung das Dorferneuerungskonzept der Oberen Flurbereinigungsbehörde zur Prüfung und Bewilligung der Zuschüsse vorgelegt werden. Die Obere Flurbereinigungsbehörde des **Saarlandes** prüft u. a. Maßnahmen auf Vorschlag der Bodenwirtschaftsämter.

2. Gefahr von Kompetenzkonflikten

Die – wie oben dargestellt – relativ stark ausgeprägte Position der Flurbereinigungsbehörden bei Dorferneuerungsmaßnahmen einerseits und die Stellung der Gemeinden als Träger der Bauleitplanung (vgl. § 1 Abs. 1 und 3 sowie § 2 Abs. 1 BBauG) andererseits, birgt die Gefahr von Kompetenzkonflikten, Reibungsverlusten und Verwischung von Verantwortlichkeiten. Diese Konstellation wirft im übrigen verfassungsrechtliche Fragen auf, die hier in aller Kürze angesprochen werden sollen.

2.1 Verfassungsrechtliche Problematik

Art. 28 Abs. 2 Satz 1 GG besagt, daß den Gemeinden das Recht gewährleistet sein muß, alle Angelegenheiten der örtlichen Gemeinschaft im Rahmen der Gesetze in eigener Verantwortung zu regeln (gemeindliches Selbstverwaltungsrecht). Es entspricht gefestigter Rechtsprechung, daß die Selbstverwaltung der Gemeinden nicht derart eingeschränkt werden darf, daß sie innerlich ausgehöhlt wird, die Gelegenheit zu kraftvoller Betätigung verloren geht und sie nur noch ein Scheindasein führen kann.[32] Der in Art. 28 Abs. 2 GG damit auch festgeschriebene generelle Planungsauftrag der Gemeinden wird allerdings durch den Hinweis, das Selbstverwaltungsrecht werde nur „im Rahmen der Gesetze" garantiert, relativiert. Dementsprechend schränkt auch bereits § 1 Abs. 1 des BBauG die Planungshoheit mit den Worten „nach Maßgabe dieses Gesetzes" insofern wieder ein, als übergeordnete Ziele und Planungen Dritter zu beachten sind (vgl. z. B. § 1 Abs. 4 und § 37 BBauG). **Die uneingeschränkte Planungspflicht der Gemeinde erteilt ihr also kein uneingeschränktes Planungsrecht.**[33]

> **Als Ergebnis** ist somit festzuhalten, daß grundsätzlich es sowohl von seiten der Gemeinden als auch von seiten der Flurbereinigungsbehörden (bzw. Teilnehmergemeinschaften) möglich ist, im gleichen Gebiet flächendeckende Planungen durchzuführen. Nach den § 1 und 37 FlurbG hat dabei die Flurbereinigung schwerpunktmäßig die agrarstrukturellen Verbesserungen durchzuführen, wobei auch die Förderung der allgemeinen Landeskultur und der Landesentwicklung wichtige Ziele darstellen, während nach § 1 Abs. 3 BBauG der Gemeinde schwerpunktmäßig die städtebaulichen Belange obliegen.[34]

---

32 *Leibholz/Rinck,* Grundgesetzkommentar anhand der Rechtsprechung des Bundesverfassungsgerichts, 6. Aufl., Köln ab 1979, S. 585.
33 *Hoisl,* Das Dorferneuerungsverfahren in: Dorferneuerung in der Flurbereinigung, Materialiensammlung Nr. 3 der TU München, 1979, S. 20.
34 *Hoisl,* Dorferneuerungsverfahren (FN 33), S. 20; Bayerischer Gemeindetag 4/1982, S. 54.

Nur am Rande sei in diesem Zusammenhang erwähnt, daß der Gesetzgeber inzwischen im Teil VII a des Bundesbaugesetzes Regelungen zur frühzeitigen Planungsabstimmung bei städtebaulichen Maßnahmen in Zusammenhang mit Maßnahmen zur Verbesserung der Agrarstruktur niedergelegt hat. Speziell § 144 c BBauG sieht die Verpflichtung der Gemeinden vor, rechtzeitig Bauleitpläne aufzustellen, wenn eine Flurbereinigung aufgrund des Flurbereinigungsgesetzes in einer Gemeinde nach Mitteilung der Flurbereinigungsbehörde beabsichtigt oder bereits angeordnet ist. Die Abstimmung ist lediglich dann entbehrlich, wenn sich die Flurbereinigung auf die bauliche Entwicklung des Gemeindegebietes voraussichtlich nicht auswirkt (§ 144 c Abs. 1, am Ende, BBauG).

2.2 Dorferneuerungsplan als Koordinierungsinstrument

Auch wenn rein theoretisch aus rechtlicher Sicht Kompetenzkonflikte vermieden werden können und darüber hinaus auch durch das Gesetz Anhörungs- bzw. Abstimmungspflichten bei Planungen vorgesehen sind,[35] erfordert die Planungspraxis freilich ein möglichst wirkungsvolles Koordinierungsinstrument, das geeignet ist, bereits im Vorfeld Planungen und Maßnahmen gegenseitig abzustimmen. Dieses Koordinierungsinstrument muß nicht zuletzt geeignet sein, den gemeindlichen Interessen wirkungsvoll Gehör zu verschaffen, um so dem bereits genannten Verfassungsauftrag gem. Art. 28 Abs. 2 GG gerecht zu werden.

Die Praxis hat sich mit dem sog. **Dorferneuerungsplan** sozusagen „praeter legem" ein Planungsinstrument geschaffen, dessen Aufgabe speziell darin besteht, die oft schwer zu durchschauenden Verflechtungen zwischen Flurbereinigung und Bauleitplanung im Sinne einer Harmonisierung der Planung zu entwirren. **Der Dorferneuerungsplan übt dabei die Funktion eines „integrierenden Planungsinstruments"**[36] aus, in das die Träger der Flurbereinigung und die Gemeinden ihre Neuordnungsvorstellungen einbringen und für ihre jeweiligen Planungen wiederum die einschlägigen, nunmehr abgestimmten „Teilpakete" wieder entnehmen. Im Dorferneuerungsplan werden sozusagen die Fachplanungen für Dorferneuerungsmaßnahmen im Sinne einer Synthese zu einer Ganzheit verschmolzen.

2.2.1 Die Rechtsnatur des Dorferneuerungsplans

Der Dorferneuerungsplan, vielfach als bedeutsamste Grundlage der Dorferneuerung mit einer Summe von öffentlichen und privaten Maßnahmen angesehen,[37] ist gesetzlich nicht fixiert. Insbesondere ist der Dorferneuerungsplan kein Bestandteil des Plans über die gemeinschaftlichen und öffentlichen Anlagen nach § 41 Abs. 1

---

35 Vgl. nur §§ 5, 38 und 41 FlurbG oder § 2 Abs. 5 BBauG, wonach bei der Aufstellung von Bauleitplänen die Behörden und Stellen, die Träger öffentlicher Belange sind, „möglichst frühzeitig" beteiligt werden sollen.
36 So *Hoisl*, Dorferneuerungsverfahren (FN 33), S. 22.
37 Vgl. Bayerischer Gemeindetag 1982, 54.

FlurbG. Ebensowenig handelt es sich bei den Dorferneuerungsplänen um Bauleitpläne nach den Bestimmungen des Bundesbaugesetzes. Der Dorferneuerungsplan als koordinierter Zusammentrag von öffentlichen und privaten Planungen bzw. Planungsabsichten hat darüber hinaus weder eine öffentlich-rechtliche, noch eine privatrechtliche Bindungswirkung[38] – eine Tatsache, die ihn nach dem Urteil von Experten gerade deshalb als Planungsinstrument interessant macht und geeignet erscheinen läßt. Es soll ja gerade außerhalb rechtlicher und förmlicher Verfahrensvorschriften durch die beteiligten Planungsträger (maßgebliche Planungsträger sind insbesondere die Gemeinde und die Teilnehmergemeinschaft) ein Konzept erarbeitet werden. Die bayerischen Dorferneuerungsrichtlinien beschreiben Funktion und Aufgabe des „Ideenträgers" Dorferneuerungsplan wie folgt[39]:

„Im Dorferneuerungsplan sollen die agrarstrukturell begründeten Neugestaltungsgrundsätze mit den städtebaulich begründeten Ordnungs- und Gestaltungsvorstellungen der Gemeinde im Sinne eines städtebaulichen Rahmenkonzepts verbunden werden, das Grundlage für die verbindliche Bauleitplanung ist. Der Dorferneuerungsplan soll auch darüber Aufschluß geben, ob Bebauungspläne aufzustellen, zu ändern oder zu ergänzen sind. Er muß mit der vorhandenen Bauleitplanung der Gemeinde jedoch in Einklang stehen, soweit diese nicht geändert werden soll."

Diese **Verwaltungsvorschrift** zeigt, daß durchaus die Bedeutung der Planungshoheit der Kommunen als Ausfluß des gemeindlichen Selbstverwaltungsrechts erkannt wird. Ohne die gemeindliche Planungshoheit über Gebühr einzuschränken, kann der Dorferneuerungsplan wichtige Impulse und Hilfestellungen, insbesondere für die gemeindliche Entwicklungsplanung, nach § 1 Abs. 5 BBauG geben.

2.2.2 Inhalt des Dorferneuerungsplans

Folgende Planungselemente sollte der Dorferneuerungsplan bereits enthalten:[40]

– Planungen, die in den Plan nach § 41 FlurbG übernommen werden sollen,

– Planungen, die in die Bauleitplanung übernommen werden sollen,

– Grünordnungs-Planungen zur Übernahme in die Flurbereinigungs- bzw. Bauleitplanung,

– eine Rahmenabgrenzung für landwirtschaftliche Vorbehaltsflächen und Aussiedlungen,

– Planungen, die durch Satzungen oder sonstige Verfahren nach dem Bundesbaugesetz realisiert werden sollen,

– Gestaltungsvorschläge und sonstige Satzungen,

---

38 Siehe Günther *Strössner,* Aufgabe und Bedeutung der Dorferneuerung, in: Dorferneuerung in der Flurbereinigung, Materialiensammlung Nr. 3 der TU München, 1979, S. 20.
39 Zitiert nach *Strössner,* Dorferneuerung (FN 38), S. 15.
40 Aufstellung nach *Hoisl,* Dorferneuerungsverfahren (FN 33), S. 29.

- Anhaltspunkte für die Bodenordnung der Flurbereinigung und/oder Bauleitplanung,
- mittelfristige Entwicklungsziele für den Ort,
- Prioritäten sowie
- Vorschläge für die Trägerschaft der einzelnen Maßnahmen.

Zur Ausarbeitung eines Planes für die umfassende Dorferneuerung empfehlen sich folgende Planunterlagen[41]:

- Eine sog. Ur-Karte, farbig angelegt nach Besitzständen zur ortstypologischen Hervorhebung ursprünglichen Dorfcharakters und zur Aufhellung des inzwischen eingetretenen Strukturwandels in Verbindung mit Bestandskarten. Gerade im Hinblick auf die Denkmalpflege besitzt die „Ur-Karte" eine hohe Aussagekraft, wenn man nicht nur Objektschutz betreiben will.
- Dazu als Gegenstück die Besitzstandskarte der Gegenwart zur Charakterisierung des Strukturwandels;
- Art der baulichen Nutzung, Sozialdaten und Erschließung und Orientierung der Gebäude;
- Maß der baulichen Nutzung und Baumasse.

Nützlich ist schließlich eine eigene Karte, die sich speziell mit dem Siedlungswesen befaßt.[42] Wichtige Bestandteile dabei sind:

- eine Mängelkarte der Gebäude mit Baualter und Vorgaben des Denkmalschutzes;
- eine Mängelkarte der Haus- und Hofgrundstücke und deren Auslastung, wobei bodenordnerische Mißstände besonders hervorzuheben sind;
- alternative Entwicklungskonzepte für den Ort.

Der zunächst höchstens die bei der Aufstellung der Mitwirkenden verpflichtende Plan erfährt gleichsam als nächsten Schritt seine ausführungsreife Verbindlichkeit in den gesetzlich vorgesehenen Maßnahmen, also mit anderen Worten: Der Dorferneuerungsplan hat den Charakter eines Rahmenkonzepts, aus dem dann die konkreten, rechtsverbindlichen Detailplanungen der einzelnen Planungsträger abgeleitet werden.

Soweit die Dorferneuerungsmaßnahmen im Rahmen der Flurbereinigung durchgeführt werden sollen, werden sie in den Plan über die gemeinschaftlichen und öffentlichen Anlagen (§ 41 FlurbG) bzw. in den Flurbereinigungsplan (§§ 58f. FlurbG) eingebracht. Anderenfalls bietet sich die rechtsverbindliche Fixierung in Bebauungsplänen, Gestaltungsverordnungen bzw. Gestaltungssatzungen oder ähnlichen Instrumentarien an.

---

41 Aufstellung nach *Hoisl*, Dorferneuerungsverfahren (FN 33), S. 29.
42 Aufstellung nach *Hoisl*, Dorferneuerungsverfahren (FN 33), S. 30.

3. Die Gemeindeplanung nach dem Bundesbaugesetz

Den Gemeinden bieten sich zunächst die Planungsinstrumente des Bundesbaugesetzes an, um entsprechende Vorgaben für erwünschte Dorferneuerungsmaßnahmen zu treffen. Die Bauleitplanung, also die Festlegung der Grenzen und Regeln, innerhalb derer der einzelne Bürger bauen darf, vollzieht sich durch Flächennutzungspläne und Bebauungspläne. Hierdurch soll die städtebauliche Entwicklung geordnet werden.

3.1 Der **Flächennutzungsplan** (§§ 5–7 BBauG) ist ein vorbereitender Bauleitplan. In ihm ist für das gesamte Gemeindegebiet die beabsichtigte Art der Bodennutzung nach den voraussehbaren Bedürfnissen der Gemeinde **in den Grundzügen** darzustellen (§ 5 Abs. 1 BBauG).

Im Flächennutzungsplan sollen ferner Gebiete, in denen zur Beseitigung städtebaulicher Mißstände besondere, der Stadterneuerung dienende Maßnahmen erforderlich sind (Sanierungsgebiete), deutlich gemacht werden (§ 5 Abs. 5 BBauG). Bei der Aufstellung von Flächennutzungsplänen werden Fachstellen bzw. Träger öffentlicher Belange und die Bürger beteiligt (zur Bedeutung der Bürgerbeteiligung bei Dorferneuerungsmaßnahmen vgl. unten Abschn. VII).

Ein Flächennutzungsplan sollte für einen absehbaren Planungszeitraum von 10–12 Jahren gültig sein.[43]

3.2 Die „Feinplanung" im Rahmen der Bauleitplanung wird daraufhin in den **Bebauungsplänen** (§§ 8–13a BBauG) festgeschrieben, wobei grundsätzlich das Entwicklungsgebot des § 8 Abs. 2 BBauG Beachtung finden muß.

Entsprechend der gesetzlichen Regelung des § 9 BBauG sind im Bebauungsplan u.a. folgende Punkte durch Zeichnung, Farbe, Schrift oder Text festzuhalten:

a) die Art und das Maß der baulichen Nutzung;

b) die Bauweise, die überbaubaren und die nicht überbaubaren Grundstücksflächen sowie die Stellung der baulichen Anlagen;

c) die Mindestgröße, die Mindestbreite und die Mindesttiefe der Baugrundstücke;

d) die Flächen für Nebenanlagen, die aufgrund anderer Vorschriften für die Nutzung von Grundstücken erforderlich sind, wie Spiel-, Freizeit- und Erholungsflächen sowie die Flächen für Stellplätze und Garagen mit ihren Einfahrten;

e) die Flächen für den Gemeinbedarf.

(Vgl. im einzelnen § 9 Abs. 1 Nr. 1–26 BBauG).

---

[43] Vgl. *Gutknecht,* Die Orts- und Bauleitplanung als Grundlage der Dorferneuerung und Dorfgestaltung, in: Dorferneuerung in der Flurbereinigung, Materialiensammlung Nr. 3 der TU München, 1979, S. 45.

Der Bebauungsplan ergeht als Satzung (§ 10 BBauG). Er stellt also ein Gesetz im materiellen Sinne dar und kann u. a. im Wege der Normenkontrolle (§ 47 VwGO) überprüft werden.

Bauvorhaben sind nur dann zulässig, wenn sie den Festsetzungen des Bebauungsplans nicht widersprechen; über die Baugenehmigung kann letztlich die Einhaltung der bauplanungsrechtlichen Vorgaben im Sinne der Dorferneuerung kontrolliert werden.

Ernst zu nehmen ist im Zusammenhang mit Fragen der Bauleitplanung die Kritik, wie sie beispielsweise der Generalkonservator des Bayerischen Landesamtes für Denkmalpflege, Dr. Michael *Petzet*, vorgetragen hat.[44] Nach seiner Meinung werden die Planungsinstrumente häufig so angewandt, daß sie einem Verzicht auf Planung gleichkommen. Man lasse alle denkbaren Möglichkeiten der baulichen Expansion offen, anstatt sie unter übergeordneten Gesichtspunkten einzuschränken. *Petzet* wörtlich:

„Flächennutzungspläne, die gegenüber dem Bestand eine Verdoppelung, Verdreifachung oder Vervierfachung der bebaubaren Flächen eines Gemeindegebietes vorsehen, sind keineswegs eine Ausnahme. Dagegen sind leider diejenigen Flächennutzungspläne die Ausnahme, die Überlegungen enthalten, wie diese Neubauflächen den historischen Ortskernen so zugeordnet werden können, daß ein verträgliches Nebeneinander von Alt und Neu entstehen kann. Die Ausnahme ist auch diejenige Konkretisierung der Dorferweiterungsabsichten in Bebauungsplänen, die sich nicht nur auf die Zuweisung bebaubarer Parzellen beschränkt, sondern Ortentwicklungsplanung im Rahmen des vorhandenen Bestandes betreibt und damit auch Absichten der Ortsbildgestaltung verfolgt."

3.3 Wenn innerhalb einer historischen Altstadt kein qualifizierter Bebauungsplan vorliegt, muß ein Vorhaben nach **§ 34 BBauG** (Zulässigkeit von Vorhaben innerhalb der im Zusammenhang bebauten Ortsteile) verurteilt werden. Ein Vorhaben muß sich somit nach Art und Maß der baulichen Nutzung, Bauweise und Grundstücksfläche, die überbaut werden soll, in die Eigenart der näheren Umgebung unter Berücksichtigung der für die Landschaft charakteristischen Siedlungsstruktur einfügen, und es darf das Ortsbild nicht beeinträchtigen.

Ein Gebäude muß sich also gem. § 34 BBauG in gestalterischer Hinsicht lediglich in bezug auf das Bauvolumen, die Gebäudeausrichtung, die Gebäudeflucht, die Gebäudehöhe, die Traufhöhe sowie die Dachneigung in den historischen Baubestand einfügen. Darüber hinausgehende gestalterische Festsetzungen für ein Gebäude können aufgrund des § 34 BBauG von der unteren Bauaufsichtsbehörde nicht getroffen werden.[45]

Die Gemeinden können seit 1976 die Grenzen für die im Zusammenhang bebauten Ortskerne oder Teile davon durch eine Satzung festlegen (§ 34 Abs. 1 Satz 1 BBauG).

3.4 Rechtliche Möglichkeiten, den Gebäude- und Wohnungszustand innerhalb von historischen Altstädten zu verbessern bzw. regulierend einzugreifen, bieten

---
44 der landkreis 1981, 180.
45 Vgl. der landkreis 1981, 169.

die **§§ 39a–39i BBauG.** Besonders hervorzuheben sind in diesem Zusammenhang Modernisierungs- und Instandsetzungsgebote nach § 39e BBauG. Weist danach eine bauliche Anlage nach ihrer inneren oder äußeren Beschaffenheit Mißstände oder Mängel auf, deren Beseitigung oder Behebung durch Modernisierung oder Instandsetzung möglich ist, kann die Gemeinde die Beseitigung der Mißstände durch ein Modernisierungsgebot und die Behebung der Mängel durch ein Instandsetzungsgebot anordnen. Zur Beseitigung der Mißstände und zur Behebung der Mängel ist der Eigentümer der baulichen Anlage verpflichtet. In dem Bescheid, durch den die Modernisierung oder Instandsetzung angeordnet wird, sind die zu beseitigenden Mißstände oder zu behebenden Mängel zu bezeichnen und eine angemessene Frist zur Durchführung der erforderlichen Maßnahmen zu bestimmen.

Bauliche Mängel im Sinne der Vorschrift liegen nach dem ausdrücklichen Gesetzeswortlaut u.a. dann vor, wenn durch Abnutzung, Alterung, Witterungseinflüsse oder Einwirkungen Dritter die bauliche Anlage erneuerungsbedürftig ist und wegen ihrer städtebaulichen, insbesondere geschichtlichen oder künstlerischen Bedeutung erhalten bleiben soll. (Vgl. § 39e Abs. 3 Nr. 3 BBauG).

Was die Kosten von Modernisierungs- und Instandsetzungsmaßnahmen nach der genannten Vorschrift anbelangt, wird auf § 43 Abs. 1–3 StBauFG verwiesen. Danach hat der Eigentümer der baulichen Anlage die Kosten dieser Maßnahmen insoweit zu tragen, als er sie durch eigene oder fremde Mittel decken und die sich daraus ergebenden Kapitalkosten sowie die zusätzlich entstehenden Bewirtschaftungskosten aus Erträgen des Gebäudes aufbringen kann. Sind dem Eigentümer dabei Kosten entstanden, die er nicht zu tragen hat, so hat die Gemeinde sie ihm zu erstatten, soweit nicht eine andere Stelle einen Zuschuß zu ihrer Deckung gewährt (vgl. im einzelnen § 43 Abs. 1–4 StBauFG).

3.5 Ergänzend zu den genannten Maßnahmen kann die Gemeinde zur Sicherung einer geordneten städtebaulichen Entwicklung durch Satzung Flächen bezeichnen, an denen ihr ein Vorkaufsrecht an Grundstücken zusteht **(§ 25 BBauG).** Längerfristig können so Grundstücke einer geordneten Wohnnutzung zugeführt werden. Von der Möglichkeit des gemeindlichen Grunderwerbs sollte jedoch im Interesse einer bewohnerfreundlichen Weiterentwicklung der historischen Altstädte nur bedingt Gebrauch gemacht werden.

Bei all den genannten Maßnahmen sollte nie die verfassungsrechtliche Dimension des Art. 14 GG übersehen werden. Stets steht die unmittelbar aus Art. 14 Abs. 1 GG abzuleitende Baufreiheit des einzelnen[46] in einem Spannungsfeld mit der Allgemeinverpflichtung des Eigentums. **Zur Erinnerung:** Während bei der Bauleitplanung die Gemeinde Träger ist, wird die Dorferneuerung im Rahmen der Flurbereinigung in Bayern grundsätzlich von der Teilnehmergemeinschaft – in der Regel die Eigentümer und Erbbauberechtigten der zum Flurbereinigungsgebiet gehörenden Grundstücke – unter **Beteiligung** der Gemeinde getragen.

---

46 Vgl. dazu grundlegend: *Schulte,* DVBl. 1979, 163ff.

Bei der Ausführung und Finanzierung der Dorferneuerung lediglich nach dem Bundesbaugesetz fällt der Gemeinde die Rolle des alleinigen Planungsträgers zu. Welche Konsequenzen dies angesichts leerer öffentlicher Kassen für eine effektive Durchführung der Dorferneuerung hat, versteht sich von selbst.

3.6 Für das **Zusammentreffen von Planungen im Rahmen der Flurbereinigung und Planungen nach dem Bundesbaugesetz gilt folgendes:**
Verfügt die Gemeinde bereits über gültige Bauleitpläne, so ist der Dorferneuerungsplan der Rechtslage der Bauleitplanung anzupassen. Steht aber eine für die Dorferneuerung ausgearbeitete Entwicklungsplanung den Bauleitplänen entgegen, so ist zu klären, ob diese Entwicklungsplanung verworfen oder die Bauleitpläne fortgeschrieben werden sollen.

4. Die Möglichkeiten des Bauordnungsrechts

Nicht zuletzt im Bereich des Bauordnungsrechtes bieten sich Möglichkeiten kommunaler Einflußnahme auf private Bauvorhaben im Sinne der Dorferneuerung.

4.1 Das allgemeine Verunstaltungsverbot

Sämtliche Landesbauordnungen enthalten Generalklauseln, in denen allgemein gefordert wird, daß bauliche Anlagen das Gesamtbild ihrer Umgebung nicht stören dürfen (vgl. stellvertretend Art. 3 Abs. 1 BayBO, § 3 Abs. 1 HessBO). Ferner finden sich in den genannten Landesbauordnungen Verunstaltungsverbote (vgl. wiederum stellvertretend Art. 12 Abs. 2 BayBO; § 14 Abs. 2 HessBO). Danach sind bauliche Anlagen mit ihrer Umgebung derart in Einklang zu bringen, daß sie das Straßen-, Orts- oder Landschaftsbild oder dessen beabsichtigte Gestaltung nicht verunstalten. Bauliche Anlagen sind ferner so zu gestalten, daß sie nach Form, Maßstab, Verhältnis der Baumassen und Bauteile zueinander, Werkstoff und Farbe nicht verunstaltend wirken (so wörtlich Art. 12 Abs. 1 BayBO).

Es versteht sich von selbst, daß der unbestimmte Rechtsbegriff der „Verunstaltung" vielfältigen Interpretationen zugänglich ist und somit in der Praxis keinen wirksamen Schutz zur Erhaltung historischer Dorfkerne bzw. Stadtbilder garantiert. Dies nicht zuletzt deshalb, als in der Rechtsprechung das Empfinden des sog. „gebildeten Durchschnittsmenschen"[47] als Beurteilungsgrundlage herangezogen wird. Nach diesem Urteil des Bundesverwaltungsgerichts ist unter „Verunstaltung" ein häßlicher, das ästhetische Empfinden des Beschauers nicht bloß beeinträchtigender, sondern verletzender Zustand zu verstehen. Das Bundesverwaltungsgericht fährt fort:

„Bei Beurteilung all dieser Momente kann nicht auf den ästhetisch besonders empfindsamen oder geschulten Betrachter abgestellt werden, es kann auch nicht die Ansicht solcher

---

47 BVerwGE 2, 172 = NJW 1955, 1647 = BBauBl. 1955, 583.

25

Menschen entscheidend sein, die ästhetischen Eindrücken überhaupt gleichgültig sind, es muß vielmehr das Empfinden jedes für ästhetische Eindrücke offenen Betrachters maßgeblich sein, also des sog. gebildeten Durchschnittsmenschen, der zwischen beiden Personenkreisen steht. Die Errichtung einer baulichen Anlage kann demnach nur untersagt werden oder eingeschränkt werden, wenn das Vorhaben nach dem Maßstab des für ästhetische Eindrücke offenen, durchschnittlich gebildeten Betrachters die Harmonie nicht nur stört, sondern verletzt."

Wenn man diese Auffassung des Bundesverwaltungsgerichts zugrunde legt, erscheint es zumindest fraglich, ob so ein qualifiziertes Urteil in Fragen der Baugestaltung möglich wird.

4.2 Baugestaltungsverordnung/Satzung

Als weitaus effektivere Maßnahme haben sich im Rahmen des Bauordnungsrechts sog. Baugestaltungssatzungen bzw. Baugestaltungsverordnungen erwiesen. Bevor auf die Möglichkeiten dieser Instrumente im Rahmen von Dorferneuerungsmaßnahmen eingegangen werden soll, ein kurzer Blick in die Geschichte.

4.2.1 Historische Entwicklung

Stadtgestalterische Regelungen in Form verbindlicher Satzungen sind grundsätzlich keine Erfindungen unserer modernen Zeit. Sie werden bereits aus der frühen Stadtgeschichte überliefert:[48] So wurde z.B. in Jena und Florenz die Gestalt der Häuser und ihre Fassadenausbildung teilweise bis ins Detail festgelegt und ihre Ausführung sorgfältig überwacht. Als Vorläufer heutiger Ortssatzungen kann das Preußische Verunstaltungsgesetz von 1907, das Hamburger Baupflegegesetz von 1912 und die Baugestaltungsverordnung von 1936 herangezogen werden. Die Bewältigung der nationalsozialistischen Vergangenheit hat auch in dieser Entwicklung zu Brüchen geführt, so daß negative Erfahrungen der 20er Jahre, die bereits zu Forderungen nach positiver Baupflege im preußischen Städtebaugesetz von 1928 geführt hatten, in den 50er und 60er Jahren wiederholt werden mußten.[49]

Eingeleitet durch erste Rezessionserscheinungen Ende der 60er Jahre beginnt mit den 70er Jahren eine Phase verstärkter Bemühungen um stadtgestalterische Belange (vgl. auch oben II.). Diese Anstrengungen gelten vorrangig den noch einigermaßen erhalten gebliebenen historischen Stadtkernen (z.B. Bietigheim, Ortsbausatzung 1971). Weitere Anstöße kommen durch das Städtebauförderungsgesetz 1971. Schwerpunkte bilden nach wie vor die Planungen im Bereich historischer Stadtkerne. Vor allem diesen Arbeiten ist es zuzuschreiben, daß es zu systematischen Ansätzen in der Stadtbildanalyse kommt, wodurch sich allmählich ein differenziertes Instrumentarium zur Stadtbildpflege herauszubilden beginnt.

---

48 Vgl. *Ludwig Heck,* Wohnumwelt, Siedlungsstrukturelle Bedingungen des Wohnens, Forschungsbericht 12, hrsg. im Auftrag der Konrad-Adenauer-Stiftung, St. Augustin 1981, S. 93.
49 *Heck,* Wohnumwelt (FN 48), S. 94.

Zunehmend werden die Ziele der Ortsbausatzungen in den historischen Stadtkernen vom Leitbild der erhaltenden Erneuerung mit teilweise sehr detaillierten Vorschriften und Gestaltungsauflagen, welche die Erneuerung aus der Substanz des Bestehenden heraus nahelegen, bestimmt.

4.2.2 Gestaltungsmöglichkeiten durch örtliche Vorschriften

Mit einer Ortssatzung hat die Gemeinde ein Gestaltungsinstrument, mit dem sie positiv auf eine harmonische Einfügung baulicher Veränderungen in die jeweilige besondere örtliche Situation einwirken kann.[50] Die Eigentümer erhalten von vornherein eine klare Rechtsgrundlage und einen Orientierungsrahmen für etwaige künftige Bau- und Änderungsabsichten. In den verschiedenen Bauordnungen der Bundesländer sind entsprechende Ermächtigungsgrundlagen vorgesehen.[51] Derartige Gestaltungssatzungen können Vorschriften enthalten über:

- Stellung der Gebäude und Gebäudeflucht,
- Gebäudehöhe (First und Traufhöhe) und Gebäudebreite,
- Gliederung der Wandfläche,
- Verhältnis von Wandfläche zu Wandöffnung,
- Gestaltung der Wandöffnungen,
- Dachform, Dachaufbauten und Dachneigung,
- Material und Farbgebung von Wandfläche, Gebäudeöffnungen und Dach,
- Werbeanlagen (Zahl, Maße, Farbe, Plazierung und Verbot).

Von besonderer Bedeutung sind in unserer Zeit, in der immer mehr Supermärkte oder Diskotheken in den ländlichen Raum ausweichen, Bestimmungen über Anlagen der Außenwerbung und Warenautomaten. Denn gerade hierdurch können sich empfindliche Störungen in historischen Ortsteilen und in der Umgebung von Baudenkmalen ergeben. Für Anlagen der Außenwerbung und Warenautomaten gelten dann die gleichen Beschränkungen und Gestaltungsanforderungen wie für bauliche Anlagen, auch wenn die Anlagen selbst keine baulichen Anlagen sind.[52] Die Gemeinde kann durch Ortssatzung auch für Werbeanlagen und Warenautomaten Vorschriften über deren äußere Gestaltung, über zulässige Arten, die zulässige Größe und den zulässigen Anbringungsort erlassen. Sie kann in der Satzung bestimmte Arten von Werbeanlagen und Warenautomaten ausschließen und sie auf bestimmte Teile baulicher Anlagen und auf bestimmte Farben beschränken.[53] Einen negativen Begleiteffekt unserer modernen Industriegesell-

---

50 Vgl. dazu allgemein: *Gaentzsch,* Baugestaltung durch Gemeindesatzungen, in: Der Städtetag 1969, 374.
51 Ermächtigungsgrundlagen Baden-Württemberg, § 111 Abs. 1; Bayern, Art. 91; Bremen, § 110; Hessen, § 29 Abs. 4; Niedersachsen, § 56; Nordrhein-Westfalen, § 113 Abs. 1 Nr. 1, 2; Rheinland-Pfalz, § 123; Saarland, § 113; Schleswig-Holstein, § 111; in Bremen (§ 108) und Hamburg (§ 114 Abs. 1 Nr. 6) ergehen entsprechende Rechtsverordnungen.
52 Vgl. Stadtentwicklung, Praxis des Umgangs mit erhaltenswerter Bausubstanz, Schriftenreihe des Bundesministers für Raumordnung, Bauwesen und Städtebau, Nr. 02.003, Bonn 1975, S. 120.
53 Stadtentwicklung (FN 52), S. 21.

schaft stellen auch sog. „Antennen-Wälder" dar, die sich sehr störend auf die Stadtgestaltung, insbesondere in historischen Stadtvierteln, auswirken können. Die Landesbauordnungen enthalten ausdrücklich nur Regelungen über die Standsicherheit der Anlagen und über die Vermeidung von sonstigen Gefahren. In gemeindlichen Baugestaltungssatzungen bzw. Baugestaltungsverordnungen kann der Ausschluß von Einzelantennen zugunsten von Sammelantennen in besonders schützenswerten Gebieten durch entsprechende Bestimmungen verfügt werden.

Wichtig: In der ortsrechtlichen Gestaltungssatzung oder Gestaltungsverordnung muß nicht nur das Prinzip der Erforderlichkeit beachtet sein, sondern es müssen auch die Grundsätze der Bestimmtheit und der Zumutbarkeit berücksichtigt werden.[54] Jeder einzelne Rechtssatz muß hinreichend bestimmt sein. Das bedeutet vor allem auch, daß die Wortwahl eindeutig sein und in der gesamten Rechtsverordnung oder Satzung durchgehalten werden muß. Auch bei Vorschriften, die im Rechtsfolgebereich ein Ermessen vorsehen, müssen die tatbestandsmäßigen Voraussetzungen der Ermessensausübung genügend eindeutig und klar abgefaßt sein. Die Regelung darf weiterhin dem betroffenen Eigentümer gegenüber nicht unzumutbar sein. D.h., auch die rechtliche und wirtschaftliche Situation und Leistungsfähigkeit müssen berücksichtigt werden.[55]

Vermehrt haben inzwischen Städte und Gemeinden von der Möglichkeit Gebrauch gemacht, durch Gestaltungssatzungen bzw. Gestaltungsverordnungen Stadt- bzw. Dorferneuerungsmaßnahmen einzuleiten.

Beispielhaft genannt seien an dieser Stelle u.a. die Ortssatzung über Baugestaltung in der Altstadt Goslar, die bereits aus dem Jahre 1964 stammt, sowie die Baugestaltungsverordnung der Stadt Rothenburg ob der Tauber vom 14. 12. 1972 bzw. 23. 1. 1973.

Die genannten Vorschriften regeln insbesondere die Stellung und Gestaltung der Baukörper, Dachform und Dachdeckung, Dachaufbauten, die Gestaltung der Außenwände, die Fassadengliederung und Fassadengestaltung, die Möglichkeit der Anbringung und Gestaltung von Werbeanlagen sowie Abstandsvorschriften.

Immer wieder stößt man auch auf Bestimmungen, die ganz aus der Eigenart der Stadt bzw. Gemeinde zu erklären sind oder die nur an einem Ort regelungsbedürftig erscheinen. So heißt es in der Satzung der Stadt Soest vom 18. 4. 1973 über besondere Anforderungen an bauliche Anlagen, Werbeanlagen und Automaten in den historischen Ortsteilen der Stadt in § 4 Abs. 7:

„Die im besonderen durch Kirchtürme bestimmte Silhouette darf durch Art und Höhe von Neubauten nicht beeinträchtigt werden."[56]

---

54 Vgl. der landkreis 1978, 412.
55 der landkreis 1978, 412.
56 Zitiert nach Stadtentwicklung (FN 52), S. 28.

4.3 „Musterbeispiel" Königsberg/Ufr.

Als Musterbeispiel dafür, wie wirkungsvoll das Instrument der Gestaltungsverordnung bzw. Gestaltungssatzung im Sinne der Dorferneuerung herangezogen werden kann, wird vielfach die unterfränkische Stadt Königsberg in Bayern herangezogen. Die Gemeindeverordnung über die Baugestaltung im Altstadtbereich der Stadt Königsberg wurde 1970 beschlossen und im Amtsblatt des damaligen Landratsamts Hofheim veröffentlicht. Rechtsgrundlage für diese Gemeindeverordnung ist die bereits genannte Vorschrift des Art. 91 BayBO (bislang Art. 107 BayBO) gewesen. Um das Altstadtgebiet, das zum Großteil von nach dem Stadtbrand im 30jährigen Krieg erbauten Gebäuden geprägt wird, in seiner Eigenständigkeit und seinen wesentlichen Erscheinungsformen zu erhalten, schöpfte der Stadtrat von Königsberg die rechtlichen Möglichkeiten der Bayerischen Bauordnung voll aus.[57]

So enthält die 19 Paragraphen umfassende Gemeindeverordnung ausführliche Bestimmungen über Grünanlagen und Bepflanzungen, über Stellung, Form, Umfang, Gestaltung und Werkstoffe der Gebäude, ein Verbot der Änderung oder Beseitigung bestimmter, in einer eigenen Liste aufgeführten baulichen Anlagen (Mauern, Türme, Tore usw.), ein Gebot zur Erhaltung historischer Inschriften im Wortlaut, Einzelheiten der Dachgestaltung, Vorschriften über Außenwände, Putz, Fenster, Türen, Freitreppen, Balkone, Anstriche, Markisen, Jalousetten, Rolläden, Einfriedungen, Außenwerbung sowie Freileitungen. Wie weit die Gemeindeverordnung in das Detail geht, sei an einigen Zitaten verdeutlicht:

a) „Zink, Aluminium und zementgebundene Platten oder Kunststoffe dürfen als Dachbedeckung nicht verwendet werden."

b) „Der Verputz von Fachwerk ist unzulässig. Das gilt für Wohngebäude wie für bauliche Nebenanlagen, soweit diese vom öffentlichen Verkehrsraum aus sichtbar sind."

c) „Fenster mit vorhandener alter Sprosseneinteilung sind zu erhalten."

d) „Garagentore sind, wo es das Ortsbild erfordert, in Holz auszuführen."

e) „Bei Erneuerung von Anstrichen sind Farben in den für das Ortsbild charakteristischen Tönen zu verwenden."

f) „Als Einfriedungen sind Mauern oder Holzlattenzäune zulässig."

Die Stadtväter Königsbergs beließen es jedoch nicht nur bei Ge- und Verboten, sie machten den Bürgern die Gestaltungsverordnung mit Angeboten auch attraktiv:

Für die durch die Stadt veranlaßte architektonische Beratung bei der Ausführung der Arbeiten bis zur notwendigen Ausarbeitung von Detailplänen entstanden den

---

[57] Die gesamte Gemeindeverordnung über die Baugestaltung im Altstadtbereich der Stadt Königsberg ist in der Anlage abgedruckt.

Bauherren keine Kosten. Diese Kosten übernahm die Stadt, die im übrigen einen qualifizierten Architekten unter Vertrag genommen hatte, der als Berater für jeden Bürger kostenlos zur Verfügung stand. Zu den Kosten der Fachwerkfreilegung gewährte die Stadt Königsberg ferner nach festen Richtlinien Zuschüsse. Von 1970–1979 wurden so von der Stadt immerhin 55 700 DM bewilligt. Dazu kamen 155 000 DM von Bund und Land, 15 400 DM vom Bezirk, 50 000 DM vom Landkreis. Insgesamt wurden rd. 280 000 DM an verlorenen Zuschüssen ausgezahlt.

Der Entwurf der Königsberger Gemeindeverordnung ging 1969 in die Beratung, wurde in Bürgerversammlungen und bei sonstigen Versammlungen erläutert und diskutiert und vom Stadtrat am 3. März 1970 in der endgültigen Fassung beschlossen. Dies geschah im übrigen einstimmig. Der Beschluß fiel nicht leicht, weil die selbstauferlegten Beschränkungen auch gleichzeitig eine finanzielle Mehrkostenbelastung der Hausbesitzer zur Folge hatte. Die Königsberger Gestaltungsverordnung fand große Beachtung. Sie wurde aus allen Gegenden der Bundesrepublik von Städten, Hochschulen, Architekten und anderen Ämtern angefordert, Bürgermeister *Mett* erhielt zahlreiche Vortragsangebote und 1978 die Bayerische Denkmalschutz-Medaille.

Nicht vergessen sei in diesem Zusammenhang, daß erst der hohe Identifikationsgrad der Bevölkerung mit der eigenen Stadt diese doch weitgehende Gestaltungsverordnung ermöglicht hat. Dies wiederum konnte nur durch umfassende Information und Aufklärung der Bevölkerung bewerkstelligt werden (vgl. unten VIII).

4.4 Vier Grundtypen von Gestaltungssatzungen

Die einschlägige Literatur[58] unterscheidet vier Grundtypen von Gestaltungssatzungen:

Denkmalschutzsatzungen,
Ensemble-Satzungen,
Struktursatzungen,
Neubausatzungen.

4.4.1 Die meisten der bisherigen **Denkmalschutz- bzw. Ensemblesatzungen** sind dem Typ der passiven Satzungen zuzurechnen. Entweder werden einzelne Baudenkmale bzw. historisch bedeutsame städtebauliche Anlagen unter Denkmalschutz gestellt, oder es geht um charakteristische städtische Zonen, die als Ensemble im Hinblick auf ihre Struktur oder spezifische bauliche Eigenart erhalten werden sollen, ohne daß einzelne Objekte unter Denkmalschutz stehen. Über solche schutzbezogenen Aussagen hinaus sind hier Bestrebungen in Gang zu setzen und zu fördern, die einen Gestaltungsrahmen für Erneuerungen und Ergänzungen formulieren, in dem spezifische gestaltungsbestimmte Elemente als Grundlage für künftige Entwicklungsmaßnahmen im Bestand definiert werden (Stadterneuerung, Stadtumbau).

---

58 Vgl. *Heck*, Wohnumwelt (FN 48), S. 96.

4.4.2 Struktursatzungen beziehen sich auf Bereiche, die bereits von strukturell-gestalterischen Störungen gekennzeichnet sind. Hier geht es um aktiv-gestaltende Konzepte, an denen sich einzelne ordnende und erneuernde Maßnahmen orientieren können.

4.4.3 Neubausatzungen sollten bei der Planung neuer Baugebiete dazu beitragen, daß durch gestaltungsbezogene Ergänzungen des Bebauungsplans ein bestimmtes baulich-räumliches Konzept realisiert werden kann. Damit läßt sich erreichen, daß ein in sich geschlossenes städtebauliches Konzept aus einzelnen Maßnahmen entstehen kann, ohne daß die Gesamtausführung in einer Hand liegen muß. Das Konzept der Stadtgestaltung zielt damit zum einen auf die Erhaltung eines bestimmten Stadtbildes oder einer spezifischen städtebaulichen Situation, zum anderen aber geht es um die konzeptionelle Stärkung gestaltbezogener Gesichtspunkte der städtebaulichen Entwicklung.

Festzuhalten ist:

> Gestaltungssatzungen bilden einen Handlungsrahmen, sie setzen Maßstäbe und bilden Regeln zur Sicherung eines gestalterischen Gesamtkonzeptes heraus, das letztlich jedoch erst durch eine Vielzahl individueller Einzelentscheidungen verwirklicht wird.
>
> Mit anderen Worten: Gestaltungsverordnungen legen die gemeinsamen Spielregeln fest, nach denen die verschiedenen individuellen Lösungen entstehen können.

In diesem Zusammenhang soll daran erinnert werden, daß bauliche Veränderungen in einer lebendigen Kommune nicht rigoros ausgeschlossen werden dürfen. Dorferneuerung bzw. Stadterneuerung bedeutet nicht nur das Konservieren dessen, was vorhanden ist, sondern ein ständiges Weiterentwickeln, wobei die Entwicklung allerdings auf das Bestehende Rücksicht zu nehmen hat. Soll der Charakter einer historischen Stadt bzw. eines historischen Dorfes oder Dorfkerns gewahrt werden, so muß es für die ständig nötigen baulichen Veränderungen eindeutige Regelungen geben. Nur dann kann das Dorf- bzw. Stadtbild in einer gewissen „Maßstäblichkeit" erhalten bleiben, nur dann kann erreicht werden, daß sich die Stadt- bzw. Dorfgestalt nicht negativ verändert.

VI. Bürgerbeteiligung – Bürgermitwirkung

1. Bürgernähe und offene Planung erforderlich

Bürgernähe und offene Planung sind Voraussetzung für effektive Dorferneuerungsmaßnahmen. Wie bereits das Beispiel der Stadt Königsberg/Ufr. gezeigt hat (vgl. oben Kap. V, 4.3), wirkt sich umfassende Information und Diskussion nur positiv auf derartige Projekte aus. Die im übrigen auch rechtlich gebotene enge Zusammenarbeit zwischen Planungsträgern und dem jeweils betroffenen Personenkreis bzw. der Gesamtbevölkerung bedingt einen hohen Identifikationsgrad. Ein Bürger wird sich nur dann mit dem eigenen Dorf identifizieren, wenn er nicht abseits steht, und er wird nur dann seine privaten Baumaßnahmen an den strukturellen und ortstypischen Gegebenheiten ausrichten, wenn bei ihm dafür zuvor ein Bewußtsein geweckt wurde.[59]

Es dürfte in diesem Zusammenhang selbstverständlich sein, daß alle Bevölkerungsgruppen (z.B. Landwirte, Handwerker, Vereine und auch „Neubürger") in die Beratungen einzubeziehen sind. Information, Aufklärung, ständige Transparenz und Beteiligung rangiert vor behördlichen Strukturplanungen, Bebauungsplänen, Gestaltungssatzungen u.ä.

Nicht von der Hand zu weisen ist der oft geäußerte Vorwurf, daß viele planende Behörden in der Vergangenheit die Öffentlichkeit eher scheuten als suchten. Anstatt die Bevölkerung zu beteiligen und ihr vielleicht sogar Aufgaben in einer Dorferneuerung zu übertragen, bestand eher die Neigung, alles zu „verbürokratisieren". Es hat sich vielfach noch nicht herumgesprochen, daß es durchaus sinnvoll sein kann, Kritik und Vorschläge aus der Bevölkerung anzunehmen und sinnvoll in die Dorferneuerung mit einfließen zu lassen. Zu Recht wird ein derartiges behördliches Vorgehen als „veraltetes Obrigkeitsdenken"[60] kritisiert.

Wenn der Bürger die Ziele einer Dorferneuerung nicht kennt, kann er auch keine Einsicht in die Notwendigkeit einzelner Schritte des Dorferneuerungsverfahrens entwickeln.

Ferner: Wer nicht miteinbezogen wird, wird nicht bereit sein, in seiner unmittelbaren Umgebung, etwa bei Familienmitgliedern und Nachbarn, den Gedanken der Dorferneuerung zu verbreiten.

Und: Wer nicht informiert ist, kann selbst keine konstruktiven Beiträge für ein Gesamtkonzept wie auch für einzelne Maßnahmen der Dorferneuerung leisten. Wer selbst erfahren hat, in welchem Maße seine Vorschläge und Ideen Eingang in die Gesamtplanung gefunden haben, wird sich künftig auch in anderen Bereichen aktiver für „sein Dorf" engagieren.

Eine langfristige, positive Folge dessen kann darüberhinaus die Stärkung von Sozialkontakten innerhalb des jeweiligen Dorfes sein.

2. Welche Möglichkeiten der Bürgerinformation bzw. Bürgermitwirkung stehen zur Verfügung?

Die Instrumente, die im Sinne umfassender Bürgerbeteiligung bei Dorferneuerungsmaßnahmen Anwendung finden können, sind mannigfaltig. Eine abschlie-

---

59 Siehe auch: der landkreis 1981, 154, DEMO 82, 538.
60 der landkreis 1981, 152.

ßende Aufzählung erscheint kaum möglich. Aufgezählt werden sollen an dieser Stelle jedoch Instrumente, die sich in der Praxis als wirkungsvoll herausgestellt haben.

Folgende Möglichkeiten bieten sich demnach an[61]:
- Bürgerversammlungen;
- Informations- und Diskussionsabende mit den beteiligten Fachbehörden zu Problemen des eigenen Dorfes;
- Information durch die Regionalpresse und Gemeindeblätter;
- die öffentliche Erarbeitung eines Zielkatalogs für die Dorferneuerung;
- Einführungsveranstaltungen zu allgemeinen Fragen der Dorferneuerung;
- Aufzeigen alternativer Möglichkeiten in Dorferneuerungen durch Experten;
- öffentliche Auslegung aller Konzepte und der späteren Pläne;
- Informations-, Gesprächs- und Beratungsabende zu Gestaltungsfragen und zu Einzelmaßnahmen;
- Bürgeranhörungen durch Gemeinderäte und beteiligte Behörden;
- Vorschlagswettbewerbe zu einzelnen Bereichen der Dorferneuerung;
- persönliche Ansprache einzelner Bürger;
- Aktivierung dörflicher Vereine, der Kirchen und anderer dörflichen ,,Meinungsmacher";
- Aufforderung an alle Bürger zur Teilnahme an öffentlichen Gemeinderats- und Ausschußsitzungen zu Fragen der Dorferneuerung;
- Dorfbegehungen mit Experten;
- Information im Rahmen der Versammlungen im Rahmen von Flurbereinigungen.

3. Aktuelle Beispiele

3.1 Diesen Maßnahmenkatalog hat die unterfränkische **Gemeinde Arnstein** um einen wichtigen Punkt bereichert. Im Vorfeld einer Dorferneuerung im Rahmen der Flurbereinigung wurden zunächst in Einzelbesprechungen und einer Aufklärungsversammlung die Bürger über die Ziele der Dorferneuerung unterrichtet. Anschließend hatte die Bevölkerung Gelegenheit, in einem als Bürgerbrief bezeichneten Fragebogen nach eigenem Gutdünken geeignete Maßnahmen hervorzuheben bzw. für überflüssig erachtete Maßnahmen anzukreuzen. Gleichzeitig fragte die Gemeinde an, ob weitere Aufklärung, etwa durch schriftliche Information, durch Bürgerversammlungen, durch Lichtbildervorführungen oder auch durch Besichtigungsfahrten erwünscht sei.

Wörtlich hieß es in dem Schreiben:

,,Fachloute können nicht alles wissen. Deshalb sind wir auf Ihre Mitarbeit angewiesen, die wir als Bürgerinitiative hoch einschätzen."

Auf Wunsch wurden Anregungen und Hinweise vertraulich behandelt.

---
61 Aufstellung nach der landkreis 1981, 152.

3.2 Ein weiteres Beispiel für nachahmenswerte Bürgerinformation im Rahmen von Dorferneuerungsmaßnahmen:

Die **Gemeinde Hüttenheim** ließ 1979 der Bevölkerung im Wege eines illustrierten Faltblattes Leitlinien zur Dorferneuerung zukommen. U. a. wurde darin die Erhaltung des alten fränkischen Dreiseithofes propagiert.

Außerdem wurden in dem Schreiben 9 Regeln für den Umbau und Neubau aufgestellt. Anhand von kleinen Schaubildern wurden Hinweise zur Dachneigung, Dachdeckung, Gebäudegliederung, zu den Außenwänden, Fenstern, Fensterläden, Türen, Vordächern und Balkons sowie in bezug auf Hoftore gegeben.

Schließlich wurde auf die Möglichkeit finanzieller Förderung nach den bayerischen Dorferneuerungsrichtlinien aufmerksam gemacht.[62]

4. Ein Arbeitskreis für Dorfentwicklung?

Von Expertenseite[63] wird vereinzelt auch die Einsetzung eines **Arbeitskreises für Dorfentwicklung** empfohlen. Darunter versteht man eine nach ersten Vorgesprächen zu bildende Gruppe von bis zu 12 Personen, die sich anschließend einen Vorsitzenden wählt. Als Mitglieder dieser Gruppe werden Mitglieder des Gemeinderats der Kirchen, der Vereine, der Handwerker, der Schulen und schließlich auch der „normale" Bürger genannt. Die ständigen festen Mitglieder dieses Arbeitskreises müssen vom Gemeinderat anerkannt und bestätigt werden. Dieser Arbeitskreis wird als ein beratendes Gremium ohne eigene Entscheidungskompetenz verstanden; er sollte jedoch vom Gemeinderat offiziell als Beratungsgremium zu jeder planerischen Entscheidung im Rahmen der Dorferneuerung gehört werden. Ferner soll der Arbeitskreis zu allen Bauvorhaben gehört werden. Man hofft, daß die Mitglieder des Arbeitskreises nach und nach entsprechendes fachliches Wissen und Einfühlungsvermögen zu Entscheidungen über entsprechende Anfragen erhalten. Im Arbeitskreis sollen alle Dorfentwicklungsprobleme, Lösungsmöglichkeiten, Alternativen und Konsequenzen dargestellt, erarbeitet und diskutiert werden. Mit Planern und Fachbehörden soll das neu zu bildende Gremium in engem Kontakt stehen. Ergebnisse dieser Arbeit sind Planungsempfehlungen, die dem Gemeinderat zur Beschlußfassung vorgelegt werden.

So wünschenswert ein solches „Selbsthilfegremium" auch sein mag, es besteht wie so oft die Gefahr, daß Bürokratie und „Vereinsmeierei" von neuem Einzug halten und schnelle, effektive Planungen verhindern. Im Rahmen der Dorferneuerung erscheinen im Augenblick die oben aufgezeigten Beteiligungsinstrumente für eine umfassende Bürgerbeteiligung als ausreichend.

---

62 Die Bürgerinformation aus Hüttenheim ist in der Anlage abgedruckt.
63 der landkreis 1981, S. 163.

5. Ergebnis

Abschließend gilt es festzuhalten: Es kommt bei der Bürgermitwirkung bzw. Bürgerinformation im Rahmen der Dorferneuerung darauf an, umfassend zu informieren, Verständnis und ein Bewußtsein für entsprechende Maßnahmen zu wecken, Vorschläge und Meinungen zu sammeln, Bürger, Behörden und Experten zur Zusammenarbeit zu bringen, ratsuchenden Bürgern den Kontakt zu fachkundigen Personen zu vermitteln und den Gedanken zur sinnvollen Dorferneuerung langfristig weiterzutragen.

Dorferneuerungen können von einer dorf- und bürgernahen Kommunalpolitik nur profitieren. Merke: Das Dorf ist nicht primär die Angelegenheit der Planer, sondern der Dorfbewohner selbst.

VII. Aktivitäten auf dem Gebiet der Stadt- bzw. Dorferneuerung im europäischen Ausland

1. Gesamteuropäische Strategien

Nicht nur in der Bundesrepublik Deutschland hat man erkannt, wie notwendig und dringend Maßnahmen zur Erhaltung und Entwicklung historischer Bausubstanz in Stadt und Land sind. Die Mitglieder des Europäischen Symposiums historischer Städte, organisiert von der Europa-Konferenz der Gemeinden und Regionen in Zusammenarbeit mit dem Forum historischer Städte von „Europa nostra", stellten 1978 besorgt fest, daß das architektonische Erbe der ländlichen Gebiete sowohl in der Umgebung der Städte, als auch in entfernteren Gebieten mit ihrer unterschiedlichen Problematik, noch nicht die nötige Aufmerksamkeit und den nötigen Schutz erhalten haben. Die Teilnehmer bedauerten insbesondere die Diskrepanz zwischen den Realitäten des Alltags und den Grundsätzen der Entschließung des Ministerkomitees des Europarates 1976 über die Anpassung der Gesetze und Rechtsverordnungen an die Anforderungen der erhaltenden Erneuerung des architektonischen Erbes und speziell die Tatsache, daß die Regierungen die Gemeinden und Regionen über diese Entschließung nicht angemessen informiert haben.[64]

„Wir alle tragen ein gerüttelt Maß an Verantwortung für ländliche Fehlentwicklungen mit: an den ausgestorbenen Dörfern in den irischen Highlands und den verslumten Dörfern in der italienischen Toscana, an der Unwirtlichkeit der Städte und der Verdünnung des Landes und schließlich an einer oberflächlich konzipierten Raumordnungspolitik, die die ausgewogene Wechselwirkung von Ökologie und

---

64 Vgl. der landkreis 1979, 80.

Siedlungspolitik nicht mutig durchzusetzen in der Lage war",[65] erklärte 1978 der Präsident der Fachkommission Denkmalschutz der parlamentarischen Versammlung des Europarates, Dr. Olaf *Schwencke*. Vom Nordkap bis zu den Alpen könne man triste Dörfer und wachsende ländliche Gleichförmigkeit feststellen. Die Uniformität von Dorf zu Dorf wachse in einem unerhörten Ausmaß. *Schwencke* forderte s. Zt. die Einzelbetroffenen, Verwaltungsleute und ländliche Kommunalpolitiker auf, radikal umzudenken. Maßgeblich müsse die Europäische Charta für den Denkmalschutz, die zum Abschluß des europäischen Denkmalschutzjahres 1975 beschlossen worden war, sein. In ihr wird hervorgehoben, daß die im architektonischen Erbe überlieferte Vergangenheit der unverzichtbare Rahmen für die ausgewogene Entwicklung des Menschen ist. Die erhaltende Dorferneuerung – parallel zur erhaltenden Stadterneuerung – sei eine der wichtigsten Aufgaben, die sich der Ausschuß für Denkmalschutz der parlamentarischen Versammlung des Europarates für die kommenden Jahre gestellt habe.

2. Appell von Granada

Mit dem sog. Appell von Granada[66] hat das 5. Europarats-Symposion bereits im Oktober 1977 auf die Komplexität der Probleme bei der Erhaltung historischer Bausubstanz auf dem Lande hingewiesen. Wörtlich heißt es: ,,Die ländliche Architektur und die sie umgebende Landschaft sind von zwei Seiten her bedroht: Einmal durch die industrieähnliche Entwicklung der Agrarwirtschaft, die eine grundlegende Flurbereinigung nötig macht, da die überkommenen Strukturen nicht mehr ausreichen, zum anderen durch die mehr oder weniger starke Landflucht aus Gebieten, die offenbar nicht mehr gewinnbringend zu bewirtschaften sind." Zur Bewahrung der gewachsenen europäischen Landschaftsräume wird gefordert:

a) die unbedingte Rücksichtnahme auf die ökologischen Gesetzmäßigkeiten bei der Planung des technischen Fortschrittes;

b) der Versuch, mit allen Mitteln das bauliche Erbe auf dem Lande, das eine vollkommene Einheit mit der Kulturlandschaft unseres Kontinents bildet, zu schützen und zu nutzen.

Die Schäden in den ländlichen Gebieten werden als eine Folge der gegenwärtigen sozio-ökonomischen Bedingungen in den ländlichen Gemeinden angesehen. Der Versuch einer Abhilfe setze eine genaue Analyse der dort gegebenen Situation voraus. Schließlich heißt es im genannten Appell von Granada, der integrierte Denkmalschutz müsse zu einem Anliegen der Regionalplanung werden. Dies erfordere eine langfristige gesellschaftliche Entwicklungspolitik auf der Grundlage harmonischer Beziehungen zwischen Mensch und Natur.

---

65 Zitat nach der landkreis 1978, 294.
66 Siehe der landkreis 1978, 305.

3. Europäische Kampagne für Stadterneuerung

Vielfältige Aktivitäten hat die für 1980–1982 vom Europarat initiierte europäische Kampagne für Stadterneuerung ausgelöst. Die Kampagne verfolgt das Anliegen, Städte und Gemeinden in Europa humaner, attraktiver und wohnlicher zu gestalten. Um die Lebensbedingungen in den Städten und Gemeinden zu verbessern, sei eine Vielzahl kleinerer und größerer koordinierter Erneuerungsmaßnahmen notwendig, heißt es in den entsprechenden Aufrufen.[67]

Vor allen Dingen ist an die Verbesserung der Umweltverhältnisse in der jeweiligen Stadt bzw. Gemeinde, an die Sanierung der Bausubstanz und die Verbesserung der Wohnungen sowie die Sicherung der kleinräumigen sozialen Infrastruktur sowie wohnnaher Arbeitsplätze, Gemeinschafts- und Nahversorgungseinrichtungen gedacht.

4. Beispiele für Erneuerungsmaßnahmen im Ausland

Wenn wir einen Blick auf Aktivitäten im Sinne der Dorferneuerung bzw. Stadterneuerung in den einzelnen europäischen Nachbarländern werfen, so kann man unschwer feststellen, daß entsprechende Aktivitäten schwerpunktmäßig speziell in touristisch interessanten Gebieten durchgeführt werden. Dies gilt insbesondere für die traditionellen Ferienreiseländer, wie etwa Österreich, Italien oder auch Spanien. Es ist in diesem Zusammenhang nur folgerichtig, daß sich Erneuerungsmaßnahmen auf erhaltenswert erscheinende Altstadtkerne berühmter Groß- und Mittelstädte konzentrieren. Hingewiesen werden soll an dieser Stelle auf Stadterneuerungsmaßnahmen, etwa in Pavia (Italien), Salamanca, Granada und Sevilla (Spanien) sowie Salzburg (Österreich), wo das 1979 geschaffene, mit einem eigenen Fonds ausgestattete Altstadterhaltungsgesetz eine gute Handhabe bietet, nicht nur die Fassaden, sondern auch die Wohnqualität in den Häusern durch Förderung zu restaurieren.[68]

Es ist nicht zuletzt der für 1980–1982 vom Europarat initiierten europäischen Kampagne für Stadterneuerung zuzuschreiben, daß das Interesse an Erneuerungs- bzw. Erhaltungsmaßnahmen nun auch verstärkt den ländlichen Bereich erfaßt.

Im folgenden soll anhand einiger exemplarischer Fälle in den Ländern Österreich, Schweiz, Italien und Frankreich dargestellt werden, welcher Instrumente man sich in diesen europäischen Ländern bedient, um Maßnahmen im Sinne der Stadt- bzw. Dorferneuerung durchzuführen. Aufgrund des Fehlens umfassender Bestandsaufnahmen auf dem Gebiet der Dorf- bzw. Stadterneuerung in diesen Ländern gründet sich die folgende Kurzdarstellung im wesentlichen auf die 1975 ver-

---

67 DEMO 82, S. 194.
68 Vgl. Bericht der Süddeutschen Zeitung, Ausg. 99/82, S. 3.

öffentlichte Studie des Arbeitskreises „Historische Stadtkerne" der deutschen UNESCO-Kommission.

4.1 Österreich

Die Durchführung von Erneuerungs-bzw. Sanierungsmaßnahmen ist in der Vergangenheit in Österreich auf große Schwierigkeiten gestoßen. So existiert auf Bundesebene kein spezieller Fonds, der derartige Vorhaben erleichtern könnte.[69] Lediglich nach dem Wohnungsbauförderungsgesetz sind zinsgünstige Kredite möglich. Nur für unter Denkmalschutz stehende Gebäude werden Zuschüsse durch das Bundesdenkmalamt gewährt. Im Rahmen der Denkmalpflege besteht bis heute keine effektive Möglichkeit, wertvollen Baubestand in Altstädten oder Gemeindekernen auf gesetzlicher oder wirtschaftlicher Basis zu schützen. Das österreichische Denkmalschutzgesetz aus dem Jahre 1923 wurde bereits Mitte der siebziger Jahre als nicht mehr zeitgemäß angesehen.[70]

Eine größere Wirksamkeit wird vom noch relativ jungen österreichischen Stadterneuerungsgesetz erwartet. Das dem deutschen Städtebauförderungsgesetz z.T. nachgebildete Stadterneuerungsgesetz in Österreich kennt u.a. die Festlegung von Sanierungsgebieten, die Durchführung vorbereitender Untersuchungen, den Einsatz von Sanierungsträgern, den Einsatz verschiedener speziell ausgestatteter Rechtsinstrumente der Stadtsanierung bis hin zur Enteignung und formalgesetzlichen Ansätzen für die Bürgerbeteiligung.[71]

Angesichts der vorstehend genannten Gesetzeslücken ist in Österreich bereits frühzeitig auf Länderebene begonnen worden, Landesgesetze zur Erhaltung von Altstädten (sog. Sonderbauordnungen für Altstadtgebiete) zu erlassen. Nur am Rande sei erwähnt, daß Denkmalschutz zwar eine Aufgabe des Bundes darstellt, die Stadtbildpflege jedoch eine Angelegenheit der Bundesländer bzw. der Gemeinden ist.[72] Das bereits oben angeführte Altstadterhaltungsgesetz des Landes Salzburg zur Erhaltung von Salzburg wurde als erstes Gesetz seiner Art bereits 1967 verabschiedet. Zugleich wurde ein Altstadtfonds eingerichtet und eine Sachverständigenkommission gegründet, welche die Maßstäbe bei Erneuerungsarbeiten festsetzt. Mit Gesetz vom 7. 7. 1972 wurden in Wien und anderen österreichischen Städten im Zusammenhang mit Bebauungsplänen in Altstadtgebieten sog. Schutzzonen festgelegt. Diese bieten eine weitgehende Handhabe gegen unkontrollierte Veränderungen.

4.2   Schweiz

Verglichen mit dem doch teilweise recht weitgehenden rechtlichen Eingriffsinstrumentarium im Zusammenhang mit Stadterneuerungs- bzw. Dorferneue-

---

69 Vgl. Stadtentwicklung, Sanierung historischer Stadtkerne im Ausland. Schriftenreihe des Bundesministers für Raumordnung, Bauwesen und Städtebau, Nr. 02.002, Bonn 1975, S. 271.
70 Stadtentwicklung (FN 69), S. 271.
71 DEMO 1982, S. 194.
72 Stadtentwicklung (FN 69), S. 270.

rungsmaßnahmen in der Bundesrepublik kann das Nachbarland Schweiz diesbezüglich noch als „Entwicklungsland" bezeichnet werden. Der Besitz an Grund und Boden scheint in der Schweiz in hohem Maße unantastbar zu sein.[73] Bausubstanz und deren Pflege ist grundsätzlich der Sorge der Eigentümer anheim gegeben. Auf Bundesebene besteht keine dem deutschen Städtebauförderungsgesetz bzw. dem österreichischen Stadterneuerungsgesetz vergleichbare Regelung. Aufgrund von Art. 702 des schweizerischen Zivilgesetzbuches könnten allerdings der Bund, die Kantone und die Gemeinden dem privaten Grundeigentum öffentlich-rechtliche Beschränkungen u. a. zur Erhaltung von Altertümern und Naturdenkmälern auferlegen. Dementsprechend regelt das Planungs- und Baugesetz des Kanton Zürich für seinen Kompetenzbereich die Gebietssanierung für den Fall, daß die bestehende Bebauung den Zielen der Bau- und Zonenordnung in starkem Maße entgegensteht und dadurch entweder die erwünschte Entwicklung erheblich gefährdet oder eine mit anderen Mitteln nicht korrigierbare, schwerwiegende Fehlentwicklung gefördert wird.[74] Das gleiche gilt, wenn hinsichtlich der Hygiene, der Erschließung, der Ausstattung, der Ausrüstung oder der ortsbaulichen Gestaltung erhebliche Mißstände aufgetreten sind, die nicht auf andere Weise beseitigt werden können. Ein anderes Beispiel: Das kantonal-bernische Einführungsgesetz zum schweizerischen Zivilgesetzbuch ermächtigt den Regierungsrat, Verordnungen zum Schutze von Altertümern zu erlassen. Wird dieser nicht tätig, dann können die Gemeinden subsidiär handeln, wobei die kommunalen Verordnungen jedoch der Genehmigung des Regierungsrates bedürfen.[75] Der Stadt Bern steht mit der städtischen Bauordnung von 1955, die erst vor kurzem überarbeitet wurde, ein relativ gutes Instrumentarium für eine wirksame Altstadtpflege bzw. Altstadterneuerung zur Verfügung. Erwähnenswert sind insbesondere Vorschriften über die Erhaltung von Brunnen und das Verbot der Standortverschiebung, Fassaden- und Brandmauerschutz, die Förderung und Erhaltung bzw. Erneuerung schutzwürdiger Bauten durch den Gemeinderat in einer zu erlassenden Verordnung, die Freilegung von Innenhöfen, Materialvorschriften für Fassaden (Sandstein) sowie die Ausbildungen der Dachkonstruktionen.

Was die Zurverfügungstellung von Fördermitteln anbelangt, so ist man auf Privatinitiativen bzw. Spendenmittel angewiesen. In Basel beispielsweise hat man sich um die Gründung einer Stadtbildstiftung auf privater Basis und um die Schaffung eines Fonds aus Beiträgen von Firmen, Arbeitgeber- und Arbeitnehmerverbänden bemüht. In der Schrift „Heimatschutz" (Nr. 1/1971) heißt es:

„Neben einzelnen uneigennützigen privaten Gönnern dürfen auch kapitalkräftige und einflußreiche Handels- und Industriegesellschaften um Unterstützung und Förderung solcher Obliegenheiten angegangen werden. Auf diese Weise ist es vor wenigen Jahren geglückt, einen sichtmäßig exponierten historischen Gebäudekomplex im mittelalterlichen Kernbereich des zähringischen Freiburg, das zu den schönsten und besterhaltenen Städtebildern nicht nur der Schweiz zählt, buchstäblich in letzter Stunde vor dem Abbruch zu retten. Dort hätte am Haltenrand eine unmittelbar vor der Kathedrale ansetzende Gebäudereihe von 11

---

73 Stadtentwicklung (FN 69), S. 280.
74 DEMO 1982, S. 195.
75 Stadtentwicklung (FN 69), S. 187.

39

alten Häusern der Errichtung einer uniformen kommunalen Bürokaserne geopfert werden sollen. Das Einschreiten des verständnisvollen und mutigen Verwaltungspräsidenten einer bedeutenden in Basel ansässigen Industrieunternehmung, welche die ganze Bauzeile aufkaufte und mit Hilfe von Bundessubventionen unter den Auspizien der eidgenössischen Kommission für Denkmalpflege instandsetzen ließ, verhinderte die sonderbare Absicht."[76]

Daß sich die Erhaltungs- bzw. Erneuerungsanstrengungen nicht nur auf historisch wertvolle Altstadtkerne in Großstädten beschränken dürfen, hat man auch in der Schweiz erkannt. So liest man in der bereits zitierten Schrift „Heimatschutz" folgende Passage:[77]

„Die alten Stadtzentren und ihre Viertel, aber auch die Kerne der Flecken, Dörfer und Weiler baulich zu bewahren und betrieblich gesund zu halten, liegt zweifellos im öffentlichen Interesse. Die Gemeinschaft kann die historischen Baukomplexe in ihrem Fortbestehen durch rechtliche und finanzielle Maßnahmen sicherstellen helfen, auf rechtlichem Boden in Form einschlägiger Verordnungen und Gesetze bis hin zu Baureglementen und Denkmalschutzbestimmungen."

4.3 Italien

In Italien hat man sich nicht zuletzt aufgrund der reichen Kulturschätze bereits relativ frühzeitig bemüht, Erhaltungs- bzw. Erneuerungsmaßnahmen einzuleiten. Die italienische Gesetzgebung hat sogar früher als in der Bundesrepublik das Recht für die Stadtplanung, den sozialen Wohnungsbau und für den Schutz der Kulturgüter für das ganze Land vereinheitlicht und zusammengefaßt.[78] Damit sind baurechtliche Instrumente geschaffen worden, die es heute ermöglichen, auch bereits bebaute Gebiete (Altstädte, Dorfkerne) planerisch zu erfassen und ihre Sanierung zu gewährleisten. Festzuhalten ist in diesem Zusammenhang auch, daß sich die Bemühungen nicht alleine auf Großstädte oder Ballungszentren beschränken. Man hat erkannt, daß die Chancen für die Erhaltung von Städten dann am größten sind, wenn ein gewisses Wachstum nicht überschritten worden ist. Urbane Erneuerung soll in Maßen betrieben werden, wobei die Bausubstanz dem jeweiligen technologischen Niveau anzugleichen ist.

Man hat in Italien ferner die Notwendigkeit erkannt, sich auch aus sozialen und gesellschaftspolitischen Gründen speziell in unterentwickelten Gebieten zu engagieren. Dort werden die historischen Zentren oft nur von alten Leuten und Kindern bewohnt und sind durch die Landflucht dem Verfall preisgegeben (dies gilt insbesondere für die Regionen in den Abruzzen, in Etrurien sowie im Inneren von Kalabrien).

Werfen wir einen Blick auf die einschlägigen Rechtsgrundlagen.

Der „Codice civile" von 1866, der noch heute weitgehend die privaten Rechtsbeziehungen regelt, basiert, wie das Bürgerliche Gesetzbuch in der Bundesrepublik, auf der Rezeption des römischen Rechts. So ist z. B. auch der Eigentumsbegriff

---

76 Stadtentwicklung (FN 69), S. 281.
77 Stadtentwicklung (FN 69), S. 281.
78 Stadtentwicklung (FN 69), S. 156.

ähnlich wie in Deutschland ausgeprägt. Art. 832 des Codice civile beschreibt das Eigentum mit seinen Rechten und Pflichten wie folgt:

„Der Eigentümer hat das Recht, innerhalb der Grenzen der Rechtsordnung und bei deren ständiger Beachtung eine ihm gehörende Sache uneingeschränkt und ausschließlich zu nutzen und über sie zu verfügen."

Die Grenzen des Eigentums werden u. a. wie in Deutschland durch das öffentliche Recht, insbesondere auch durch das Bau- und Planungsrecht, festgelegt. Das italienische Städtebaugesetz vom 17. 8. 1942 geht in Art. 1 von der Notwendigkeit baulicher Erhaltungs- bzw. Erneuerungsmaßnahmen aus.

Wörtlich heißt es:

„Die städtebauliche Ordnung und die Entwicklung der Städte auf dem Territorium der Republik unterliegen den Vorschriften dieses Gesetzes.

Der Minister für öffentliche Arbeiten (Anm.: Er ist vergleichbar mit dem Minister für Raumordnung, Städtebau und Wohnungswesen in der Bundesrepublik Deutschland) überwacht die städtebauliche Tätigkeit **auch** mit dem Ziel, bei der baulichen Erneuerung und Erweiterung der Städte die Berücksichtigung der Werte der Tradition zu sichern, die Entballung zu fördern und die Ballungstendenzen zu reduzieren."[79]

Die Planungshoheit liegt, wie bei uns in der Bundesrepublik Deutschland, bei den Gemeinden. Die Altstadtsanierung, Erhaltungs- und Erneuerungsmaßnahmen sind primär als eine Aufgabe der Stadt- bzw. Gemeindeplanung definiert, die Verantwortung trägt die einzelne Gemeinde. Als Instrumente zur Durchsetzung der genannten Maßnahmen stehen u. a. Veränderungssperren bis zum Inkrafttreten von Sanierungsplänen, die Beschränkung der Baumassenzahl und Gebäudehöhe in historischen Zentren sowie entschädigungspflichtige Enteignungen im öffentlichen Interesse zur Verfügung.

4.4 Frankreich

Nach Erkenntnissen des Arbeitskreises „Historische Stadtkerne" der deutschen UNESCO-Kommission beläuft sich die Zahl der Städte und Ortschaften in Frankreich, die speziell im Stadtkernbereich dringender Erhaltungs-, Instandsetzungs- und Revitalisierungsmaßnahmen dringend bedürfen, auf einige Tausend.[80] Bereits damals existierte eine Warteliste von 400 Städten. Diese Liste wurde von einer interministeriellen Kommission auf Vorschlag regionaler Konversatoren zusammengestellt.

In Frankreich sind etwa ab 1962 Anstrengungen zu registrieren, die darauf abzielen, insbesondere in den historischen Stadtkernen und anderen Gebieten kulturhistorisch wichtige und wertvolle Bausubstanz zu erhalten und zu erneuern. Von den s. Zt. verabschiedeten gesetzlichen Regelungen ist insbesondere das Gesetz Nr. 62/903 vom 4. 8. 1962 zur Ergänzung der Gesetzgebung des Schutzes des historischen und künstlerisch wertvollen Erbes Frankreichs, welches das Ziel hat, die Restaurierung der Grundstücke zu erleichtern, zu nennen (sog. Loi malraux).

---

79 Stadtentwicklung (FN 69), S. 176.
80 Stadtentwicklung (FN 69), S. 17.

Das Gesetz befaßt sich vor allem mit

- der Auswahl geeigneter Objekte durch denkmalpflegerisch und stadtbaulich besonders ausgebildete Architekten,
- der Koordinierung der Zuständigkeit aller betroffenen Ministerien,
- einer ausreichenden Finanzierung,
- geeigneten boden- und baurechtlichen Instrumenten zur Durchführung und Sicherung der Durchführung sowie
- Mietvorschriften usw., um soziale Härten zu vermeiden.

Ziel dieses Gesetzes ist es, funktionslos gewordene, überalterte Stadtteile von kultureller Bedeutung nicht einfach zu beseitigen, sondern ihnen wieder eine Funktion zu geben, sie zu beleben und ihnen damit einen neuen Wert zu geben.

In den Sanierungsgebieten geht das Recht dieses Gesetzes dem allgemeinen Baurecht vor, d. h. der federführende Architekt ist bei der Ausarbeitung seiner Pläne an die allgemeinen Bauordnungsvorschriften nicht in vollem Umfange gebunden.

VIII. Aktuelle Rechtsprechung

1. Spannungsverhältnis Privateigentum – Gemeinde (Art. 14 Grundgesetz)

Ohne die Kernaussagen der unter 2. dieses Abschnitts angeführten Rechtsprechungsbeispiele aus jüngerer Zeit vorwegnehmen zu wollen, hier schon einige grundsätzliche Anmerkungen.

Im Grunde geht es bei den in Zusammenhang mit Maßnahmen im Sinne der Dorferneuerung bzw. Dorferhaltung stehenden gerichtlichen Auseinandersetzungen durchweg um das Verhältnis des verfassungsrechtlich garantierten Privateigentums (vgl. Art. 14 GG) zur verfassungsrechtlichen Forderung, die Nutzung des Privateigentums am Gemeinwohl auszurichten, also das Gebot zur Rücksichtnahme auf die Belange der Allgemeinheit.

Es ist verständlich, daß sich betroffene Bürger gegen Anordnungen der Verwaltung mit Vehemenz wehren, und dies im Zeitalter der Rechtsschutzversicherungen auch vermehrt auf dem Rechtswege. Man muß sich nur vor Augen führen, welche oft tiefgreifenden Reglementierungen durch das bislang existierende rechtliche Instrumentarium bei Erneuerungs- oder Erhaltungsmaßnahmen getroffen werden können. Dabei wird nicht nur nachhaltig in die private Handlungs- und Gestaltungsfreiheit des einzelnen eingegriffen, und individuelle Geschmacksvorstellungen werden auf recht unsanfte Art und Weise korrigiert. Vielfach sind die angesprochenen Maßnahmen für den Bürger mit hohen finanziellen Opfern verbunden, auch wenn Härtefälle durch Beihilfe oder Förderungsfonds „abgefedert" werden sollen.

Wie bereits in Kapitel VI. (Bürgerbeteiligung) angesprochen, erscheint es mehr denn je bei Dorferneuerungsmaßnahmen erforderlich, den Bürger frühzeitig von den jeweiligen Vorhaben in Kenntnis zu setzen, Anregungen aus der Bevölkerung aufzunehmen und in den Entscheidungsprozeß miteinzubeziehen. Der Bürger muß den berechtigten Eindruck gewinnen, nicht als Objekt behandelt zu werden, sondern aktiv an der Entscheidungsfindung teilnehmen zu können. Wer derart in die Vorhaben miteinbezogen wird, sich tatsächlich ernstgenommen fühlt und sich folglich auch mit dem Projekt identifizieren kann, wird später nicht als Kläger auftreten.

2. Die jüngere Rechtsprechung

2.1 Bauordnungsrecht

2.2.1 1980 hatte das Bundesverwaltungsgericht zu entscheiden, ob ein ortsrechtliches Verbot, durch das Lichtwerbung in einem Gebiet von historischer, künstlerischer oder städtebaulicher Bedeutung untersagt wird, gegen Art. 14 des GG (Gewährleistung des Eigentums) verstößt.[81]

Es ging dabei konkret um die auf Art. 91 BayBO (bislang Art. 107 Abs. 1 BayBO) beruhende Außenwerbungsverordnung der Stadt Landsberg/Lech, die zum Schutz der historischen Altstadt erlassen worden war.

§ 11 dieser Außenwerbeverordnung untersagte generell Lichtreklame wegen der geschichtlichen, künstlerischen und städtebaulichen Bedeutung der Altstadt.

Im konkreten Fall hatte die Klägerin, die innerhalb des historischen Siedlungskerns der Stadt Landsberg eine Likörfabrik und ein Einzelhandelsgeschäft betreibt, die baurechtliche Genehmigung für eine Hochspannungs-Schattenschrift beantragt, die über den Schaufenstern ihres Anwesens angebracht werden und aus einem Namensschriftzug bestehen sollte. Die Beklagte lehnte den Antrag ab. Man berief sich dabei auf die genannte Außenwerbungsverordnung. Die Klage blieb in allen drei Instanzen erfolglos. Das Bundesverwaltungsgericht als Revisionsgericht hat in seinem Urteil vom 22. 2. 1980 (4 C 44. 76) einige grundlegende Ausführungen zur Zulässigkeit von ortsrechtlichen Bauvorschriften getätigt. Insbesondere war das Gericht der Meinung, daß Art. 107 BayBO (jetzt Art. 91), der den Gemeinden den Erlaß örtlicher Bauvorschriften im Wege von Verordnungen ermöglicht, den Anforderungen des **Bestimmtheitsgrundsatzes** genügt. Man war der Meinung, der für den Verordnungsgeber gesteckte Rahmen sei nach Inhalt, Zweck und Ausmaß hinreichend konkretisiert. Dies u. a. deshalb, weil Werbung nur zum Schutz bestimmter Bauten, Plätze oder Ortsteile von geschichtlicher, künstlerischer oder städtebaulicher Bedeutung beschränkt werden könne.

Ausführlich setzte sich das Gericht mit der Frage auseinander, ob derartige ortsrechtliche Beschränkungen der Baufreiheit mit der Eigentumsgarantie des Art. 14

---

81 NJW 1980, 2091 = BayVBl. 1980, 408.

GG vereinbar sind. Dabei ging es im wesentlichen darum, ob die verfassungsrechtlichen Grenzen der Ausgestaltung von Inhalt und Schranken des Eigentums nach Art. 14 Abs. 1 Satz 2 GG sowie die Sozialpflichtigkeit nach Art. 14 Abs. 2 GG gewahrt werden. Wörtlich heißt es in dem Urteil:

„Zum verfassungsrechtlichen Inhalt des Privateigentums gehört ... grundsätzlich die freie Verfügungsbefugnis über den Eigentumsgegenstand. Andererseits umfaßt die verfassungsrechtliche Forderung, die Nutzung des Privateigentums am Gemeinwohl auszurichten, das Gebot der Rücksichtnahme auf Belange der Allgemeinheit. Die sich in Vorschriften über die Baugestaltung konkretisierende Sozialpflichtigkeit des Eigentums berührt dessen Substanz umso weniger, als das Gestaltungsbelieben des Eigentümers nicht durch Werbeverbote grundsätzlich eingeschränkt, sondern nur hinsichtlich der Art und Gestaltung der Werbung beschränkt wird."[82]

Art. 107 Abs. 1 BayBO (jetzt Art. 91 BayBO) sei insofern verfassungsrechtlich unbedenklich, als nur Beschränkungen der Werbung für **besonders** schutzwürdige Bauten, Straßen, Plätze oder Gebiete zugelassen werden, wobei man auf die historische, künstlerische oder städtebauliche Bedeutung abstelle. Ferner heißt es in dem Urteil:

„... Der erkennende Senat hat im Hinblick auf die Abwägung der Belange der Gemeinschaft mit den privaten Interessen des einzelnen – besonders den privaten Interessen der auf Werbung angewiesenen Gewerbetreibenden – stets anerkannt, daß das baugestalterische Ziel, eine Beeinträchtigung des **vorhandenen oder durch Planung erstrebten Charakters eines Baugebietes** durch funktionswidrige Anlagen zu verhindern, ein ‚beachtenswertes öffentliches Anliegen' ist."

Demgemäß sehe man generalisierende Regelungen, die die Zulässigkeit von Werbeanlagen überhaupt oder die Zulässigkeit bestimmter Werbeanlagen von der Art des Baugebietes abhängig machen, als vertretbar an.[83] Insbesondere seien ferner generalisierende Regelungen für rechtmäßig erachtet worden, durch die z.B. in Dorfgebieten, Kleinsiedlungsgebieten und allgemeinen Wohngebieten nur für Zettel- und Bogenanschläge bestimmte Werbeanlagen sowie Werbeanlagen an der Stätte der Leistung zugelassen, andere Werbeanlagen jedoch ausgeschlossen wurden.[84] Dabei sei die Einsicht maßgebend gewesen, daß Werbeanlagen, die etwa in einem Gewerbe- oder Industriegebiet als angemessen empfunden werden und dort deshalb nicht generell untersagt werden dürfen, in anderen Baugebieten im Hinblick auf deren unterschiedliche städtebauliche Funktion und auf die sich daraus ergebende andersgeartete Eigentumssituation einen störenden Eingriff bedeuten könnten.

Auf den konkreten Fall eingehend betonen die Richter, daß die für eine generalisierende Werberegelung vorauszusetzende Einheitlichkeit des zu schützenden Gebiets zwar nicht durch eine Homogenität im Sinne der planungsrechtlichen Gebietseinteilung gewährleistet werde, wohl aber durch die einheitliche historische und deswegen städtebaulich bedeutsame Prägung eines bestimmten Teilgebietes der Stadt, nämlich der sog. „Altstadt". Verleihe diese historische Prägung der

---

[82] NJW 1980, 2091.
[83] Vgl. bereits Urteil vom 21. 4. 1972 = BVerwGE 40, 24 (99).
[84] BVerwGE 21, 271 = NJW 1966, 69.

Altstadt eine gewisse Einheitlichkeit, so sei es von daher gerechtfertigt, ein solches Gebiet selbst dann durch eine generalisierende Regelung vor bestimmten, den Charakter des Altstadtgebiets beeinträchtigenden Formen der Werbung zu schützen, wenn Teilbereiche der Altstadt (nur) dem Wohnen, andere Teilbereiche aber auch der gewerblichen Nutzung (etwa durch Einzelhandelsgeschäfte oder Gastwirtschaften usw.) dienen. Wörtlich wird festgestellt:

„Die Allgemeinheit hat ein besonderes Interesse daran, daß historische Stadtkerne durch Werbeanlagen nicht beeinträchtigt werden."

§ 11 der genannten Außenwerbungsverordnung der Stadt Landsberg/Lech laufe ferner der Bestimmung des Art. 14 GG auch insofern nicht entgegen, als ihr Schutz weiter reiche, als der in der Bayerischen Bauordnung vorgesehene allgemeine Schutz vor Verunstaltung. Das Verunstaltungsverbot gelte nämlich in allen Baubereichen, auch in solchen, die städtebaulich keine besonderen Merkmale aufweisen. Historisch, künstlerisch oder städtebaulich bedeutsame Gebiete rechtfertigten jedoch einen **noch vor der Schwelle** des Verunstaltungsverbots liegenden Schutz vor unpassender und damit den einheitlichen Charakter solcher Gebiete beeinträchtigender Werbung.

2.1.2 Zu Inhalt und Grenzen kommunaler baugestalterischer Vorschriften hat 1981 das OVG Münster ebenfalls Stellung genommen.[85] Es ging s. Zt. um **§ 103 Abs. 1 Nr. 1 BONW,** wonach Gemeinden durch Satzung, die der Genehmigung der oberen Bauaufsichtsbehörde bedarf, Vorschriften über die äußere Gestaltung baulicher Anlagen sowie von Werbeanlagen und Warenautomaten zur Durchführung baugestalterischer Absichten in bestimmten, genau abgegrenzt bebauten oder unbebauten Teilen des Gemeindegebiets erlassen können. Es können sich dabei die Vorschriften über Werbeanlagen auch auf deren Art, Größe und Anbringungsort erstrecken. (Die Bestimmung des § 103 Abs. 1 Nr. 1 BONW weist deutliche Parallelen zu Art. 107 Abs. 1 BayBO, jetzt Art. 91 BayBO, auf.)

Ähnlich wie das Bundesverwaltungsgericht in dem oben unter 2.1.1 aufgeführten Urteil aus dem Jahre 1980 ging das OVG Münster von der verfassungsrechtlichen Unbedenklichkeit des § 103 Abs. 1 Nr. 1 BONW aus. Wörtlich heißt es in der Entscheidung:

„§ 103 Abs. 1 Nr. 1 BONW ist hinreichend bestimmt: Inhalt dieser Regelung ist die Ermächtigung an die Gemeinden, die äußere Gestaltung baulicher Anlagen und von Werbeanlagen sowie Warenautomaten in bestimmten, genau abgegrenzten Teilen des Gemeindegebietes zu regeln; Zweck der Ermächtigung ist die Durchführung baugestalterischer Absichten. Das Ausmaß der Ermächtigung ergibt sich aus dieser Zweckbestimmung. Danach ist die Durchführung baugestalterischer Absichten nicht allein auf die Abwehr von Verunstaltungen beschränkt, sondern kann darüber hinaus strengere ästhetische Maßstäbe anlegen, als es die allgemeinen gestalterischen Vorschriften der Landesbauordnung zulassen."[86]

Gleichzeitig stellte jedoch das OVG Münster klar, daß diese über die reine Verunstaltungsabwehr hinausgehende Ermächtigung zur Durchführung baugestalteri-

---

[85] NJW 1982, 845; vgl. neuerdings auch OVG Lüneburg, Urteil vom 12. 2. 1982, NJW 82, 2012.
[86] NJW 1982, 845.

scher Absichten ihre Grenze an dem mit Verfassungsrang ausgestatteten Übermaßverbot,[87] am Wesen des durch Art. 14 GG geschützten Eigentums sowie an den übrigen einschlägigen Grundrechtsnormen findet. Insbesondere setze die Ermächtigung nach § 103 Abs. 1 Nr. 1 BONW voraus, daß die baugestalterischen Absichten der Gemeinde auf sachgerechten Erwägungen beruhen und eine angemessene Abwägung der Belange des einzelnen und der Allgemeinheit erkennen lassen. Baugestalterische Regelungen gehörten nur dann zu den Vorschriften, durch welche Inhalt und Schranken des Eigentums im Sinne des Art. 14 Abs. 1 Satz 2 GG bestimmt werden, wenn diese Voraussetzungen erfüllt seien.

> **Wichtig für die Praxis:** Das Abwägen von Interessen setzt notwendigerweise einen Vorgang im Satzungsgebungsverfahren voraus, in dem alle für die Festlegung der baugestalterischen Absichten maßgeblichen Gesichtspunkte eingebracht und anschließend mit- bzw. gegeneinander abgewogen werden. Erforderlich ist insbesondere dabei eine genaue Bestandsaufnahme des von der beabsichtigten Gestaltung betroffenen Gebietes, sachliche, d. h. z. B. durch das Straßen-, Orts- oder Landschaftsbild vorgegebene oder für dessen Verbesserung sprechende Gründe für die Entwicklung gestalterischer Ziele und die Auswirkungen der Gestaltungsziele auf die Betroffenen. Von großer Bedeutung ist nicht zuletzt die Berücksichtigung schutzwürdiger Belange der von der geplanten Gestaltungssatzung betroffenen Bewohner, d. h. der Eigentümer oder auch Erbbauberechtigten. **Über die vom Satzungsgeber angestellten Überlegungen müssen die Satzungsunterlagen selbst Aufschluß geben, weil andernfalls eine Rechtskontrolle der Satzung nicht möglich wäre** (a. A. neuerdings OVG Lüneburg, NJW 82, 2012). Der wesentliche Inhalt der Entscheidung in Form von Leitsätzen:

1. Die Ermächtigung zur Durchführung baugestalterischer Absichten gem. § 103 Abs. 1 Nr. 1 BONW 1970 beschränkt sich nicht auf die Abwehr von Verunstaltungen, sondern umfaßt auch das Anlegen strengerer, ästhetischer Maßstäbe, als es die allgemeinen gestalterischen Vorschriften der Landesbauordnung zulassen.

2. Diese Ermächtigung findet ihre Grenze insbesondere an dem mit Verfassungsrang ausgestatteten Übermaßverbot sowie am Wesen des durch Art. 14 GG geschützten Eigentums. Sie setzt hiernach voraus, daß die baugestalterischen Absichten der Gemeinde auf sachgerechten Erwägungen beruhen und eine angemessene Abwägung der Belange des einzelnen und der Allgemeinheit erkennen lassen.

3. Das Abwägen dieser maßgeblichen Belange setzt einen Abwägungsvorgang im Satzungsgebungsverfahren voraus. Über den Abwägungsvorgang müssen die Satzungsunterlagen selbst Aufschluß geben.

2.1.3 Auch in Entscheidungen von erstinstanzlichen Gerichten haben sich die Bemühungen um eine verbesserte Baugestaltung im Sinne der Dorferneuerung

---

[87] Vgl. hierzu stellv.: *Maunz* in: *Maunz/Dürig/Herzog/Scholz*, Grundgesetz, Art. 20, Rdnr. 118.

bzw. Dorferhaltung in den letzten Jahren deutlich niedergeschlagen. Ein bemerkenswertes Beispiel stellt in diesem Zusammenhang ein Urteil des VG München[88] dar, das in Hinblick auf das allgemeine Verunstaltungsverbot in **Art. 11 Abs. 2 (jetzt Art. 12 Abs. 2) BayBO** erging. In dem Rechtsstreit ging es um eine Fassadenverkleidung aus Asbestzementplatten an einem Wohnhaus in einem oberbayerischen Dorf. Die Auffassung des zuständigen Landratsamts, daß die Fassadenverkleidung nicht zu dem charakteristischen Dorfbild passe und daher nicht genehmigungsfähig sei, wurde vom VG München im wesentlichen mit folgender Begründung bestätigt: Die Asbestzement-Verkleidung könne zwar für sich genommen nicht als ein Musterbeispiel einer Verunstaltung gelten, sie müsse aber als Glied in einer Kette ähnlicher Maßnahmen gesehen werden, die in ihrer Gesamtheit das überlieferte Ortsbild zerstören würde. Eine Auslegung des Art. 11 Abs. 2 (jetzt Art. 12 Abs. 2) BayBO anhand des vom Gesetzgeber verfolgten Zwecks führe zu dem Ergebnis, daß auch den Einzelschritten einer derartigen „schleichenden Verunstaltung" entgegengetreten werden könne, weil sonst der ganze zerstörerische Vorgang nicht aufzuhalten sei.[89]

2.1.4 Daß die Gerichte durchaus im Sinne der teilweise doch recht detaillierten Gestaltungsvorschriften entscheiden, legt das Urteil des Bayerischen Verwaltungsgerichtshofs vom 30. 7. 1979[90] dar.

Der Fall: Der Kläger beantragte 1977 bei der Beklagten die Genehmigung zum Auswechseln der Fenster im 4. Geschoß und im Treppenhaus durch „ganze Holzfenster mit Isolierverglasung". Die Schmalseite des Gebäudes des Eigentümers, in der sich je drei Fenster in jedem Geschoß befinden, liegt an einem Platz, wobei die Bebauung am Platz als sog. Ensemble im Sinne des Denkmalschutzes seit 1. 10. 1973 in der Denkmalliste eingetragen ist. Aufgrund einer Ortsbesichtigung wandten sich die Vertreter des Bayerischen Landesamtes für Denkmalpflege und der Heimatpfleger der Stadt gegen den Einbau von „Einscheibenfenstern".

Dementsprechend erteilt die Beklagte dem Kläger die Baugenehmigung u. a. nur mit der Einschränkung, daß die straßenseitigen Fenster in Flügel-und Fensterteilung wie vorhanden auszuführen seien. Alternativ könne eine Ausführung als zweiflügelige Verbundfenster mit zwei waagerechten Sprossen in den äußeren Fensterflügeln erfolgen. Gegen diesen Bescheid legte der Kläger Widerspruch ein und erhob später, nachdem die zuständige Regierung den Widerspruch zurückgewiesen hatte, Klage zum Verwaltungsgericht, um eine antragsgemäße Baugenehmigung erteilt zu bekommen.

Der Bayerische Verwaltungsgerichtshof als Berufungsinstanz schloß sich den Argumenten der Verwaltung an. U. a. führten die Richter aus: Gegenstand des Bauantrags sei die Auswechselung der derzeitigen Sprossenfenster im 4. Geschoß

---

88 VG München, Nr. M 270 XI 75.
89 Vgl. BayVBl. 1980, 5f.
90 BayVBl. 1980, 19.

des Anwesens gegen Einscheiben-Fenster, während die Auswechselung der übrigen Fenster des Anwesens nicht beantragt sei. Bei Verwirklichung des Bauantrags würde folglich das Gebäude im Erdgeschoß, 4. Geschoß und in den Dachgauben Einscheibenfenster, in den übrigen Geschossen Sprossenfenster aufweisen. Diese uneinheitliche Fenstergestaltung würde im Sinne des Art. 11 Abs. 1 (jetzt Art. 12 Abs. 1) BayBO verunstaltend wirken. Sie würde auch im Sinne des Art. 11 Abs. 2 BayBO (jetzt Art. 12 Abs. 2) das Straßen- und Ortsbild verunstalten. Es würde ein häßlicher, das ästhetische Empfinden des Beschauers nicht bloß beeinträchtigender, sondern verletzender Zustand entstehen.[91] Ferner vertrat der Senat die Auffassung, daß die Ausstattung des Anwesens mit Einscheiben-Fenstern, selbst bei einheitlicher Gestaltung, das Gebäude sowie das Straßen- und Ortsbild verunstalten würde (Art. 11 Abs. 1 und 2 BayBO, jetzt Art. 12 Abs. 1 und 2 BayBO). Eine völlige Beseitigung der Sprossengliederung wirke verunstaltend. Es sei zu bedenken, daß das fragliche Anwesen eine zwar einheitliche, aber nur sehr einfach und sparsam gegliederte Fassade aufweise, wobei als architektonische Gliederungselemente nur die beiden Simse und die farblich hervorgehobenen Fensterrahmungen in Betracht kämen. Die Gliederung der Fenster erhalte unter diesen Umständen für die Gesamtgliederung der Fassade ein wesentlich größeres Gesicht, als dies z.B. bei viel reicher gegliederten Fassaden der Fall sei. Ein Verzicht auf diese Gliederung würde die Fassade eines wesentlichen Elements berauben und sie in ihrem Erscheinungsbild verarmen lassen. Es entstünde der Eindruck einer monotonen Reihe „ungegliederter Löcher". Die Verschlechterung des derzeitigen Zustandes, die bei einer Veränderung beider Fassaden einträte, wäre somit qualitativ und quantitativ erheblich und würde bereits als solche, nämlich als Übergang von einem früheren zu dem neuen Zustand, verletzend wirken.

Das Gericht räumt ein, daß die Beurteilung insbesondere dann anders auszufallen hätte, wenn sich ein Gebäude in einer in bezug auf die Fassadengliederung **anspruchslosen Umgebung** befindet, und wenn es diese Umgebung folglich nahelegt, in dieser Hinsicht keine allzu hohen Forderungen zu stellen. Im vorliegenden Fall sei jedoch das Gegenteil gegeben, da der fragliche Platz überwiegend von stark gegliederten Gebäuden aus der Epoche des Historismus umgeben sei.

2.1.5 Bereits im Jahre 1965, also noch Jahre vor dem eigentlichen „Erneuerungsboom", hatte das Bundesverwaltungsgericht das Verhältnis von Normen des Baugestaltungsrechtes zu den einschlägigen Verfassungsvorschriften beleuchtet.[92]

Konkret ging es s.Zt. um **§ 15 BO NW**, der Beschränkungen von Werbeanlagen in Baugebieten, die hinsichtlich der Erhaltung des Orts- oder Landschaftsbildes besonders schutzwürdig erscheinen, zuläßt.

Der Fall: Die Klägerin, ein Werbeunternehmen, hatte eine Baugenehmigung zur Anbringung einer Wirtschaftswerbung (es handelte sich dabei um ein in grünen,

---
91 BayVBl. 1980, 20.
92 Urteil des 4. Senats vom 25. 6. 1965 = BVerwGE 21, 251 f.

roten und weißen Farben gehaltenes Werbeschild von 0,73 m² Größe) beantragt. Das für das Werbeschild vorgesehene Gebäude lag im alten Kern der fraglichen Ortschaft; in einem Umkreis von rd. 100 m um dieses Gebäude standen im wesentlichen Bauernhöfe, Wohnhäuser und die alte Dorfkirche. Die zuständigen Baugenehmigungsbehörden lehnten die Genehmigung der neuen Werbeanlage unter Berufung auf die genannte Bauordnungsvorschrift ab. Die Klage beim Verwaltungsgericht blieb ohne Erfolg, ebenso wie alle übrigen gerichtlichen Anstrengungen.

Das Bundesverwaltungsgericht stellte grundlegend fest: ,,Das Eigentum gewährt – sein Inhalt und seine Schranken werden durch die Gesetze bestimmt – keine uneingeschränkte Herrschaftsbefugnis. Zu den Gesetzen, die seinen Inhalt und seine Schranken bestimmen, gehören im Vordergrund die baugestalterischen Regelungen dahin, ob und ggfl. in welcher Weise bebaute oder unbebaute Grundstücke zum Zweck der Werbung genutzt werden können. Auch die Regelungen in diesem Zusammenhang, wie überhaupt die ganze Ordnung der Baugestaltung, bestimmen und begrenzen den Inhalt des Eigentums."[93]

Das Gericht habe sich bereits seit langem dazu bekannt, daß das baupflegerische Ziel, eine Beeinträchtigung des vorhandenen oder durch Planung gestalteten Charakters eines Baugebietes zu verhindern, ein begründetes öffentliches Anliegen ist, fuhren die Richter fort. Bei seiner normativen Ausgestaltung müßten allerdings die berechtigten Belange der an der Außenwerbung interessierten Wirtschaft angemessen berücksichtigt werden.

Verfassungsrechtlich gegenüber der Eigentumsgarantie beständige Gestaltungen des Inhalts und der Schranken des Eigentums auf diesem Gebiet müssen auf sachgerechten Erwägungen beruhen und eine angemessene Abwägung der Belange des einzelnen und der Gemeinheit erkennen lassen.

So gesehen würde eine Norm des Baugestaltungsrechts, die in ihrem gesamten räumlichen Geltungsbereich die Außenwerbung **ohne Einschränkung** und ohne jede Unterscheidung verbieten würde, gegenüber der Eigentumsgarantie der Verfassung keinen Bestand haben können. Welche Bedeutung die Richter der Erhaltung schutzwürdiger baulicher Anlagen bereits vor über 15 Jahren beigemessen haben, wird in den folgenden Urteilssätzen deutlich.

Das Bundesverwaltungsgericht:

,,Dagegen erscheint es durchaus vertretbar, die Zulässigkeit von Werbeanlagen überhaupt oder auch nur die Zulässigkeit bestimmter Werbeanlagen von der Art des Baugebietes abhängig zu machen. Einer solchen Regelung liegen durchaus sachgerechte Erwägungen zugrunde: Eine Werbeanlage, die in einem Gewerbe- oder Industriegebiet als angemessen empfunden werden kann und deshalb dort aus verfassungsrechtlicher Sicht eine generelle Untersagung nicht rechtfertigt, kann in einem reinen, insbesondere ländlichen Wohngebiet unter dem Gesichtspunkt der Wahrung des begründeten öffentlichen Anliegens einer Sicherung des vorhandenen oder durch Planung erstrebten Charakters eines Baugebietes nicht hinnehmbar sein. Die Beeinträchtigung des Orts- und Straßenbildes durch eine Werbean-

---

93 BVerwGE 21, 257.

lage hängt also entscheidend von der durch die Bauordnung gewährleisteten Funktion des im Einzelfall betroffenen Gebietes ab. Ebenso wie eine städtebauliche Regelung in einem schutzwürdigen Baugebiet funktionsfremde, bauliche Anlagen ausschließen kann, erscheint auch eine ergänzende baugestalterische Regelung sachgerecht, die funktionsfremde Werbeanlagen aus dem Gebiet verweist."[94]

In der Ausgestaltung der rechtlichen Ordnung der Nutzung einzelner Baugebiete für Werbezwecke sei der zuständige Landesgesetzgeber in erheblichem Umfange frei. Jedenfalls könne nicht von ihm gefordert werden, bei jeder einzelnen Anlage der Außenwerbung eine konkrete Prüfung vorzusehen, ob sie das Straßen-, Orts- oder Landschaftsbild stört.

2.2 Bauplanungsrecht

Auf dem Gebiet des Bauplanungsrechts sind in der jüngsten Zeit insbesondere interessante Urteile zu § 34 BBauG ergangen. (Zur Erinnerung: Nach § 34 BBauG sind Vorhaben innerhalb der im Zusammenhang bebauten Ortsteile nur unter bestimmten Voraussetzungen möglich, wobei insbesondere die Anforderungen an gesunde Wohn- und Arbeitsverhältnisse gewahrt bleiben müssen und das Ortsbild nicht beeinträchtigt werden darf.)

Das Bundesverwaltungsgericht ging in seinem Urteil vom 23. 5. 1980 (4 C 79.77)[95] der Frage nach, ob es nach § 34, Abs. 1 BBauG möglich ist, zum Schutz des Ortsbildes die vollständige Freihaltung eines Baugrundstücks im Innenbereich zu verlangen.

Der Fall: Der Kläger wollte auf seinem Grundstück ein Wochenendhaus errichten. Die Baubehörde verweigerte die Genehmigung. Aus mehreren Gründen bestätigten auch die Verwaltungsgerichte des ersten und zweiten Rechtszuges die Ablehnung. Einmal füge sich das geplante Wochenendhaus unter Berücksichtigung der für diese Landschaft charakteristischen Siedlungsstruktur nicht in die Eigenart der näheren Umgebung ein. Außerdem widerspreche das Bauvorhaben dem förmlich angeordneten Landschaftsschutz. Schließlich beeinträchtige es auch das Ortsbild, weil die vom Bundesbaugesetz untersagten Eingriffe in die schutzwürdigen Erscheinungsbilder von Orten nicht nur die Art und Gestaltung der vorhandenen Bebauung beträfen. Auch die Einordnung der Bebauung in die sie umgebende Landschaft könne Bestandteil des geschützten Ortsbildes sein.

Das Bundesverwaltungsgericht folgte dieser Argumentation nicht, wie wohl die Revision des Klägers aufgrund der alternativ vorgenommenen Beurteilung des Vorhabens nach § 35 BBauG letztlich keinen Erfolg hatte. Die Richter des Bundesverwaltungsgerichts führten aus, daß nach § 34 Abs. 1 BBauG der für das Grundstück des Klägers bestehende förmliche Landschaftsschutz nicht in der Lage sei, diese Bebaubarkeit des Grundstücks auszuschließen. Das habe der erkennende Senat bereits in seinem Urteil vom 24. 2. 1978 (BVerwGE 55, 272

---

94 BVerwGE 21, 256.
95 NJW 1981, 474f.

(276f.)) ausgesprochen. Daran sei festzuhalten. Das gleiche müsse für den in § 34 Abs. 1 BBauG angeordneten Schutz des Ortsbildes gelten.

Das Bundesverwaltungsgericht wörtlich:

„Die auf die Eigentumsgewährleistung in Art. 14 Abs. 1 Satz 1 GG zurückführenden Gründe, die in unbeplanten Innenbereichen der Tragweite von bebauungshinderlichen Anordnungen des Landschaftsschutzes Schranken setzen, treffen für die Abwehr von („optischen") Beeinträchtigungen von Ortsbildern noch verstärkt zu. Wo die Schutzwürdigkeit eines Ortsbildes ausnahmsweise so weit geht, daß sie die absolute Freihaltung eines im unbeplanten Innenbereich liegenden und dort an sich bebaubaren Grundstücks erfordert, müssen zur Erreichung dieses Zieles andere – etwa bauplanerische oder denkmalschutzrechtliche – Handhaben eingesetzt werden. § 34 Abs. 1 BBauG ermöglicht nicht, zum Schutz des Ortsbildes (entschädigungslos) die vollständige Freihaltung eines Baugrundstückes im Innenbereich zu verlangen."[96]

Fazit:

Will eine Gemeinde in ihrem Innenbereich, für den keine Bauplanung vorliegt, ein dort liegendes, an sich bebaubaren Grundstück unbebaut lassen, so muß sie zur Erreichung dieses Zieles bauplanerische Handhaben oder die Möglichkeiten der Denkmalschutzgesetzgebung einsetzen.[97]

Aufgrund dieses Urteils des Bundesverwaltungsgerichts lassen sich für alle Gemeinden folgende **Grundsätze** aufstellen:

§ 34 BBauG in seiner Fassung von 1979 ermöglicht es nicht, zum Schutz des Ortsbildes die vollständige Freihaltung eines Baugrundstücks im Innenbereich zu verlangen, ohne daß die Gemeinde entschädigungspflichtig ist.

Ein Grundstück, das einem im Zusammenhang bebauten Ortsteil angehört, kann nicht aus Gründen der Siedlungsstruktur unbebaubar sein.

Dem Einsatz des § 34 Abs. 1 BBauG im Sinne der Erhaltung des Straßen-, Ortsbzw. Landschaftsbildes hat das Oberverwaltungsgericht Berlin in einem Urteil vom 3. 7. 1981 (2 B 56/80)[98] weitere Grenzen gesetzt.

Der Fall: Die Klägerin ist Eigentümerin eines mit einem eingeschossigen Wohnhaus bebauten Grundstücks in Berlin, wobei das Grundstück zu einer aus etwa 80 Reihenhäusern und 44 Doppelhäusern bestehenden Siedlung gehört. Die Grundstücke sind von in den 50er Jahren errichteten Jäger-Zäunen eingefriedet, die von unterschiedlichen Betonzaunpfeilern gehalten werden. Die Klägerin beabsichtigt, den Jäger-Zaun vor ihrem Grundstück zu erneuern und anstelle der Betonpfeiler 4 Pfeiler aus „Jurasteinen" (1 Pfeiler 0,80 × 0,30 cm und 3 Pfeiler 0,40 × 0,30 cm) zu setzen. Den Bauantrag lehne das Bauaufsichtsamt ab, weil durch die angestrebte individuelle Gestaltung der Zaunpfeiler das einheitliche Bild der Siedlung und daher das Straßen-, Orts- oder Landschaftsbild im Sinne der Bauordnung gestört werde. Die Klage hatte indes in beiden Instanzen Erfolg.

---

96 NJW 1981, 475.
97 Vgl. dazu auch BayGZ Nr. 2/82 vom 28. 8. 1982, S. 5.
98 NVwZ 1982, 255.

Das Oberverwaltungsgericht Berlin ging zunächst auf das allgemeine Verunstaltungsverbot des § 14 Abs. 2 BOBerlin ein, wonach bauliche Anlagen mit ihrer Umgebung derart in Einklang zu bringen sind, daß sie das Straßen-, Orts- oder Landschaftsbild oder deren beabsichtigte Gestaltung nicht stören. Die Richter betonten, daß bloße Unschönheiten noch nicht als Verunstaltung oder Störung angesehen werden könnten, sondern nur krasse Fälle. Darunter seien Vorhaben zu verstehen, deren Häßlichkeit ins Auge springe und Unlust errege.[99] Davon könne im vorliegenden Fall jedoch nicht die Rede sein. Wenn die Schwelle von der Unschönheit zur Häßlichkeit, von der bloßen Beeinträchtigung des bauästhetischen Empfindens bis zu seiner Verletzung berührt, aber noch nicht überschritten sei, dann sei der Grundsatz der Baufreiheit vorrangig.

Nach Ansicht der Richter verunstaltet ein Bauvorhaben, das anders ist als seine Umgebung, noch nicht notwendigerweise das Orts- oder Straßenbild. Die einheitliche Gestaltung von Einfriedungen einer Siedlung könne ferner mit dem bauordnungsrechtlichen Verunstaltungsverbot nicht durchgesetzt werden. Besondere Gestaltungsanforderungen an Einfriedungen könne man nur durch Festsetzung in einem Bebauungsplan nach § 108 Abs. 1 Satz 4 BOBerlin festsetzen, was jedoch im vorliegenden Fall nicht geschehen sei.

In demselben Urteil wurde auch auf die Grenzen des § 34 Abs. 1 BBauG weiter eingegangen. Das Gericht wörtlich:

> „Auch Vorhaben, die den aus ihrer Umgebung ableitbaren Rahmen überschreiten, können sich dennoch ihrer Umgebung einfügen. Hierbei geht es nicht um ‚Einheitlichkeit'. Das Erfordernis des Einfügens schließt nicht schlechthin aus, etwas zu verwirklichen, was es in der Umgebung bisher nicht gibt; das Gebot des Einfügens soll nicht als starre Festlegung auf den gegebenen Rahmen allen individuellen Ideenreichtum blockieren; es zwingt nicht zur Uniformität ..."[100]

Weiter einschränkend heißt es in dem Urteil, daß aufgrund der bodenrechtlichen Vorschrift des § 34 Abs. 1 BBauG nur solche Eingriffe in das Ortsbild abgewehrt werden können, die das Planungsrecht berühren. Das treffe für all das zu, was an einem Vorhaben nach § 9 Abs. 1 BBauG durch Bebauungsplan geregelt werden könnte, insbesondere für den gewählten Standort, für die Bauweise und das Maß der baulichen Nutzung, nicht dagegen für die im engeren Sinne baugestalterische Frage, ob das Vorhaben nach Form, Maßstab, Werkstoff, Farbe und Verhältnis der Maße und Bauteile zueinander beeinträchtigend wirke.

Aufgrund dieses Urteils können nunmehr folgende beiden Grundsätze aufgestellt werden:

Aufgrund des § 34 Abs. 1 BBauG können nur solche Beeinträchtigungen des Ortsbildes abgewehrt werden, die auch durch Festsetzungen in einem Bebauungsplan nach § 9 Abs. 1 BBauG verhindert werden könnten.

---

99 NVwZ 1982, 255.
100 NVwZ 1982, S. 255.

Mit dem bauordnungsrechtlichen Verunstaltungsschutz nach § 14 Abs. 2 BOBerlin kann die einheitliche Gestaltung von Einfriedungen in einer Siedlung nicht durchgesetzt werden.

3. Zusammenfassung

Die an dieser Stelle auswahlweise aufgeführten Urteile aus der jüngeren Rechtsprechung zeigen, daß die hier zur Diskussion stehenden Bauvorhaben von den Richtern einer durchaus differenzierten Betrachtungsweise unterzogen worden sind. Dort, wo aufgrund der örtlichen Gegebenheiten weitgehende Schutzmaßnahmen erforderlich scheinen, ist man aus Klägersicht durchaus zu einer „harten" Rechtsprechung bereit. Andererseits läßt sich die Tendenz ausmachen, daß die Anforderungen im Sinne des Verunstaltungsschutzes keinesfalls überspannt werden. Wichtig und wiederholenswert erscheinen in diesem Zusammenhang die Ausführungen des OVG Berlin (oben unter VIII. 2.2).

Unter Bezugnahme auf § 34 Abs. 1 BBauG heißt es dort, daß auch Vorhaben, die den aus ihrer Umgebung ableitbaren Rahmen überschreiten, sich dennoch durchaus in ihre Umgebung einfügen können. Das Erfordernis des Einfügens schließe nicht schlechthin aus, etwas zu verwirklichen, was es in der Umgebung bisher nicht gebe.

Das Gebot des Einfügens soll nicht als starre Festlegung auf den gegebenen Rahmen allen individuellen Ideenreichtum blockieren. Es zwingt nicht zur Uniformität.[101]

IX. Fördermöglichkeiten

oder: Woher bekommt man Gelder für Dorferneuerungsmaßnahmen?

1. Grundsatz: Keine Vollförderung

Ohne auf spezielle Fördermöglichkeiten in den einzelnen Bundesländern eingehen zu wollen, läßt sich bereits vorweg folgender Grundsatz aufstellen:

Eine „Vollförderung", also die 100%ige Übernahme bzw. Erstattung der nötigen Kosten, ist grundsätzlich nicht möglich. Man beschränkt sich auf bestimmte Förderhöchstbeträge bzw. erstattet Kosten in bestimmter prozentualer Höhe. Entsprechend dem Grundsatz, „Hilfe zur Selbsthilfe" zu gewähren, soll die finanzielle Last nicht allein staatlichen Stellen aufgebürdet werden. Der Planungsträger, sei es nun der Privatmann oder die planende Gemeinde, soll seinerseits einen ver-

---

101 Vgl. auch BVerwGE 55, 269 (386) = NJW 1975, 2564.

tretbaren Eigenanteil übernehmen. Dies nicht zuletzt deshalb, weil sich ein verantwortungs- und insbesondere kostenbewußtes Planen der jeweiligen Träger auf diese Weise wohl am einfachsten realisieren läßt. Als Beispiel sei in diesem Zusammenhang nur die hessische Förderpraxis genannt, wonach sich die Kommune mit eigenen Geldbeträgen an der Sanierung beteiligen muß. Anderenfalls erhält sie keine oder nur eine geringe Förderung.[102] Je nach Finanzsituation der Gemeinde muß sie sich in Hessen mit 15%–60% an der Finanzierung beteiligen.

2. Bayerische Dorferneuerungsrichtlinien

Wie unterschiedlich die Förderungsquoten je nach Objekt aussehen können, wird anhand der Bayerischen Dorferneuerungsrichtlinien[103] deutlich (vgl. in diesem Zusammenhang Anlage auf der nächsten Seite). So beträgt beispielsweise die Förderung bei der Erhaltung und Gestaltung landwirtschaftlicher Bausubstanz mit ortsbildprägendem Charakter (also die Erneuerung von Fassaden, Dächern, Fenstern u. ä.) bis zu 15000 DM je Einzelobjekt. Soweit diese Maßnahmen von privaten Trägern durchgeführt werden, darf die Förderung allerdings 30% der Kosten nicht überschreiten. In besonders gelagerten Fällen (z. B. Bauten von kulturhistorischem Wert) können hingegen auch privaten Trägern mehr als 30% der Kosten als Zuschuß gewährt werden, jedoch wiederum nicht mehr als 15 000 DM je Einzelobjekt. Kleinere bauliche Maßnahmen, die zur Erhaltung und Gestaltung des Ortsbildes beitragen, also beispielsweise die Gestaltung von Plätzen und Straßen oder die Renovierung von Einfriedungen oder Dorfbrunnen, werden somit in der Regel höchstens bis zu 30% der Kosten gefördert.

3. Förderung im Ländervergleich

In welchem Maße die Höhe der durchschnittlichen Förderungsbeträge je Maßnahme in den verschiedenen Bundesländern, die eigene Sanierungsprogramme aufgestellt haben, differiert, zeigt die bei *Fritz-Vietta*[104] veröffentlichte Übersicht. Drei verschiedene Förderungsarten sind festzustellen:

a) Ungewöhnlich hohe durchschnittliche Förderungsbeträge je Maßnahme (1,0–1,5 Mio DM) bei einer gleichzeitig großen Anzahl von Sanierungsmaßnahmen in Nordrhein-Westfalen;

b) mittlere Förderungsbeträge in Baden-Württemberg und Hessen (0,1–0,3 Mio DM) bei einer geringen Anzahl geförderter Kommunen in Hessen und einer in den letzten Jahren stark angewachsenen Zahl in Baden-Württemberg;

---

102 Rainer *Fritz-Vietta*, Stadterneuerung in Hessen. Frankfurt 1981, S. 39.
103 LMBl. 1978, 90 ff.
104 *Fritz-Vietta*, Stadterneuerung (FN 102), S. 64.

c) sehr niedrige Förderungsbeträge in Bayern (0,05 Mio DM) bei einer mittleren Anzahl geförderter Kommunen.

4. Ansprechpartner für Interessenten

Ansprechpartner für Kommunen, die sich zu Dorferneuerungsmaßnahmen entschlossen haben, sind die entsprechenden Ministerien bzw. nachgeordneten Behörden. In Bayern sind beispielsweise je nach Objekt Förderanträge an die Flurbereinigungsdirektionen oder die Ämter für Landwirtschaft zu richten (vgl. Tabelle auf S. 56).

5. Initiative Rheinland-Pfalz

Einen Vorschlag zur Vereinfachung des Bewilligungsverfahrens von Förderbeträgen im Rahmen der Dorferneuerung in Rheinland-Pfalz hat kürzlich die dortige CDU-Landtagsfraktion vorgelegt.[105] Kernstück ist dabei der Verzicht auf förmliche Anträge seitens der Gemeinden. Der neuausgearbeitete Vorschlag sieht folgendes Verfahren vor:

a) Die Landesregierung setzt Kriterien fest, nach denen die zu fördernden Gemeinden ausgewählt werden. Dabei spielen u. a. dünne Besiedelung, Finanzschwäche und Arbeitslosigkeit eine Rolle.

b) Der Innenminister trifft die Auswahl der in jedem Jahr zu fördernden Gemeinden. Er bewilligt die Landeshilfe nach einem Fördersatz zwischen 25 und 50% (Durchschnitt 33,33%) in Abhängigkeit zur Finanzkraft der Gemeinde.

c) Vorschläge zur Auswahl der Gemeinden und des Volumens der im jeweiligen Jahr angestrebten Investitionen in der jeweiligen Gemeinde werden von der Bezirksregierung erarbeitet und dem Innenministerium vorgelegt. Das Investitionsvolumen ist so zu begrenzen, daß es im laufenden Jahr ausgeschöpft werden kann.

d) Die Bezirksregierung erarbeitet die Vorschläge aus den einzelnen Landkreisen nach Erörterungen mit den jeweiligen Landräten und Bürgermeistern der Verbandsgemeinden und verbandsfreien Gemeinden. Die regionalen Planungsgemeinschaften sind an der Erörterung der Vorschläge durch die Bezirksregierung zu beteiligen. Auf förmliche Anträge der Gemeinden wird im Interesse eines einfachen und beschleunigten Verfahrens verzichtet. Die von den ausgewählten Gemeinden der Bezirksregierung vorzulegenden Unterlagen sind auf das unbedingt Notwendige zu beschränken.

---

105 Vgl. KommpolBl. 4/82, 381.

Maßnahmen der Dorferneuerung – Förderung und Zuständigkeit
(nach den Dorferneuerungsrichtlinien – DorfErnR – vom 14. März 1978)

lfd. Nr.	Maßnahmeart (Verwendungszweck) (Ziff. der DorfErnR)	Förderung Zuschüsse in Höhe von	Bewilligungsbehörde
(1)	(2)	(3)	(4)
1	Verbesserung der innerörtlichen Verkehrsverhältnisse (2.1.1)		
2	Hochwasserfreilegung im Ortsbereich (Ziff. 2.1.2)	in der Regel bis zu 75 % der Kosten (3.1)	Flurbereinigungsdirektion (FID)
3	Erschließungsmaßnahmen (z. B. dorfgemäße Park- und Spielplätze, Grünflächen) (2.1.3)		
4	Erhaltung und Gestaltung landwirtschaftlicher Bausubstanz mit ortsbildprägendem Charakter (z. B. Fassaden, Dächer, Fenster) (2.1.4)	bis zu 15 000 DM je Einzelobjekt	Amt für Landwirtschaft (AfL)
5	kleinere bauliche Maßnahmen, die zur Erhaltung und Gestaltung des Ortsbildes beitragen z. B. – Gestaltung von Plätzen, Straßen – Renovierung von Einfriedungen, Dorfbrunnen ... (2.1.7)	in der Regel höchstens bis zu 30 % der Kosten (3.2)	FID
6	Neubau, Modernisierung, Instandsetzung von landwirtschaftlichen Wohn- und Wirtschaftsgebäuden, soweit dies mit den Zielen der Dorferneuerung übereinstimmt Beseitigung oder Verringerung von Umweltbelastungen ... (2.1.5)	bis zu 10 000 DM aber höchstens 10 % der Kosten bei zusätzlicher einzelbetrieblicher Förderung, sonst 15 % der Kosten (3.3)	AfL
7	landwirtschaftliche Gemeinschaftsanlagen (z. B. Maschinenhallen) (2.1.6)	bis zu 25 000 DM höchstens 30 % der Kosten (3.4)	AfL
8	Erwerb und Verwertung von Gebäuden im Zusammenhang mit den Maßnahmen nach Nrn. 1 mit 7 (2.1.8)	in der Regel bis zu 75 % der Kosten (abzgl. Verwertungswert) (3.5)	FID
9	für die Maßnahmen der Dorferneuerung verwendete Planunterlagen (ausgenommen Bauleitpläne) (2.1.9)	Teil der Ausführungskosten Nr. 19 RLF (3.6)	FID

BayStMELF, Referat N 3 (Mai 1979)
(aus Bayerischer Gemeindetag 1982 Nr. 4, S. 60)

e) Nach der Bewilligung durch den Innenminister veranschlagt die Gemeinde das vorgesehene Investitionsvolumen und die Finanzierung im Haushaltsplan (Nachtragshaushaltsplan) und leitet die Durchführung unverzüglich ein. Förderungsfähig sind alle öffentlichen Maßnahmen, die der Dorferneuerung unter Berücksichtigung der örtlichen Gegebenheiten und einer angemessenen Ausstattung dienen. Eine Doppelförderung ist dabei ausgeschlossen.

6. Zusammenfassung

Festzuhalten ist:

Eine 100%ige Übernahme der Kosten von Dorferneuerungsmaßnahmen durch staatliche Stellen ist in den verschiedenen Bundesländern grundsätzlich nicht vorgesehen. Dem jeweiligen Planungsträger verbleibt ein zu finanzierender Eigenanteil, der je nach Finanzkraft differieren kann. Die bewilligungsfähigen Zuschüsse haben den Charakter einer ,,Hilfe zur Selbsthilfe". Ansprechpartner und Bewilligungsstellen sind, je nach Bundesland, die zuständigen Ministerien bzw. nachgeordnete Behörden.

X. Ausblick

In den letzten Jahren hat sich nicht zuletzt aufgrund der Umweltdiskussion das Bewußtsein im Hinblick auf Dorferhaltungs- bzw. Dorferneuerungsmaßnahmen erfreulich geschärft. Es läßt sich eine erhöhte Sensibilität im Umgang mit erhaltenswerter Bausubstanz feststellen. Diese Entwicklung ist zu begrüßen, auch wenn gelegentlich übereifrige Denkmalschützer über das eigentliche Ziel ,,hinausschießen".

Insbesondere folgende Probleme der Dorf- bzw. Stadterneuerung sind in den letzten Jahren mehr und mehr in den Blick der Öffentlichkeit gerückt:[106]

1. Erhaltenswerte Bausubstanz droht vielerorts zu verfallen.

2. Stadtviertel, in denen unzumutbare bauliche, hygienische oder unsoziale Lebensbedingungen bestehen, werden zunehmend nur noch von sozialen Randgruppen bewohnt.

3. Dorfkerne ohne leistungsfähige soziale und technische Infrastruktur leisten der Abwanderung aus dem ländlichen Raum Vorschub.

4. Die Wanderung aus den Innenstädten in ein von Zersiedlung bedrohtes Stadt-Umland-Feld hält an, auch wenn in jüngster Zeit eine Abschwächung dieses Trends bzw. örtlich sogar eine Umkehr dieses Trends auszumachen ist.

---
106 Vgl. bereits BBauBl. 1977, 184.

Bund und Länder haben in den letzten Jahren gemeinsam anerkennenswerte Anstrengungen unternommen, um Vorhaben auf dem Gebiet der Dorferneuerung bzw. Dorferhaltung beratend zu begleiten bzw. finanziell zu fördern. Daß diese Bemühungen Früchte getragen haben, kann man bei einem Besuch in verschiedenen deutschen Gemeinden unschwer erkennen. Nicht übersehen werden darf in diesem Zusammenhang jedoch, daß auf Seiten der Kommunen noch ein erheblicher Nachholbedarf im Hinblick auf Maßnahmen im Rahmen der Dorferneuerung besteht. Nach Erkenntnissen des Bundesministers für Raumordnung, Bauwesen und Städtebau stehen bereits rd. 1300 weitere Gemeinden in „Wartestellung".[107]

Diese Zahl dürfte eher zu niedrig angesetzt sein, wie das ausgeprägte Interesse von Bürgermeistern zeigt. Andererseits darf nicht übersehen werden, daß das Fördervolumen von Bund und Ländern nicht ins Unermeßliche steigen kann. In Zeiten wirtschaftlicher Rezession sind im übrigen Politiker im Gegenteil eher geneigt, im Zuge allgemeiner Sparmaßnahmen Abstriche auch bei der Förderung der Dorferneuerung durchzusetzen. Eine Beibehaltung des gegenwärtigen Förderstandards bzw. eine vorsichtige Steigerung des Fördervolumens muß in diesem Zusammenhang bereits als Erfolg bezeichnet werden. Es darf nicht vergessen werden, daß gerade Dorferneuerungsprogramme mit ihren investiven Ausgaben in vorzüglicher Weise zur Erhaltung des mittelständischen Handwerks und des Baugewerbes sowie von anderen nicht landwirtschaftlichen Arbeitsplätzen im ländlichen Raum beitragen können. Untersuchungen haben den Nachweis erbracht, daß bei den bisherigen Dorferneuerungen in Bayern Gemeinden und Bürger zusätzlich zu den gewährten staatlichen Mitteln bis zum Sechsfachen des öffentlichen Förderbetrages in die Sanierung ihrer Dörfer und Häuser investiert haben.[108] Dorferneuerung trägt damit gerade in wirtschaftlich schwierigen Situationen wesentlich zur Sicherung von Arbeitsplätzen und zu ausgewogenen wirtschaftlichen und sozialen Verhältnissen im ländlichen Raum bei.

Abschließend lassen sich folgende Forderungen festhalten:

1. Dorferneuerung darf keine kurzfristige Modeerscheinung bleiben. Erhaltungs- bzw. Erneuerungsmaßnahmen müssen kontinuierlich fortgeführt werden, wobei schwerpunktmäßig etwa strukturschwache Gebiete bevorzugt in die Förderung miteinbezogen werden sollen. Die Forderung nach einer Erhöhung der Förderungsmittel von Bund und Ländern stellt sich heute dringender denn je.

2. Dorferneuerung ist und muß grundsätzlich eine Aufgabe der Gemeinde im Rahmen der Planungshoheit nach dem Bundesbaugesetz und ihrem verfassungsrechtlich garantierten Recht auf Selbstverwaltung (Art. 28 Abs. 2 GG) bleiben. Es muß aber gleichfalls eine Aufgabe der jeweils zuständigen staatlichen Stellen als technisch und personell gut ausgerüstete „Dienstleistungsunternehmen" sein, die ländliche Gemeinde bei der Wahrung ihrer Planungshoheit zu unterstützen, ohne dabei die kommunale Entscheidung als solche zu

---

107 *Fritz-Vietta,* Stadterneuerung (FN 102), S. 66.
108 Siehe Gemeindekurier 1982, Nr. 8, S. 2.

beeinflussen. Dies gilt insbesondere bei der im Rahmen der Flurbereinigung durchgeführten Dorferneuerung (Bayern).

3. Der Gesetzgeber ist aufgefordert, auf indirektem Wege Anreize für Eigeninitiativen auf dem Gebiet der Dorferneuerung zu schaffen. In Betracht kommen insbesondere steuerliche Anreize.

4. Vielerorts muß die Bürgerbeteiligung bei der Planung im Rahmen der Dorferneuerung verbessert werden. Es sollte heute selbstverständlich sein, daß die Bürger umfassend über die geplanten Maßnahmen und Fördermöglichkeiten informiert werden. Durch umfassende Aufklärung lassen sich Mißverständnisse und spätere gerichtliche Auseinandersetzungen vermeiden. Die aktive Beteiligung des Bürgers führt zu einer Stärkung des örtlichen Gemeinwesens und fördert die Identifikation des einzelnen mit seiner Gemeinde.

5. Abschließend soll daran erinnert werden, daß oft bescheidene Anerkennungen durch die Gemeinde die Bürger zu ,,ungeahnten" Aktivitäten anzuspornen in der Lage sind. So können beispielsweise Plaketten vergeben werden, die an besonders gelungene Bauwerke angebracht werden. Auch örtliche Wettbewerbe sind geeignet, die Bürger zu eigenen Aktivitäten zu ermuntern. Es bedarf also nicht in jedem Falle umfangreicher staatlicher Fördergaben.

Allgemeine Hinweise
zur Planung der Dorferneuerungsmaßnahmen*

Anhang 1

Vorbemerkung

Nachstehend werden stichwortartig einige allgemeine Hinweise zur Planung der Dorferneuerungsmaßnahmen im Rahmen der Flurbereinigung aufgeführt. Diese Hinweise sollen die schwierige Planungs- und Koordinierungsarbeit bei der Dorferneuerung erleichtern und gleichzeitig bewirken, daß keine schematisierten Dörfer entstehen, sondern charakteristische Dörfer erhalten und gewachsene Ortsbilder organisch weiterentwickelt werden.

Zusammenarbeit
- engste Zusammenarbeit mit Gemeinde (Planungshoheit, Kostenbeteiligung), Amt für Landwirtschaft (einzelbetriebliche Maßnahmen) und Landratsamt (Planung und Bauordnung, Denkmalschutz, Naturschutz) erforderlich, diese Stellen rechtzeitig beteiligen
- ferner die Fachbehörden des Straßenbaues und der Wasserwirtschaft, das Landesamt für Denkmalpflege, die Ortsplanungsstelle bzw. freischaffende Architekten oder Siedlungsgesellschaften, sowie sonstige beteiligte Stellen einschalten
- frühzeitige und fortwährende intensive Aufklärung, Anhörung und Beteiligung der Bürger
- zeitliche Abstimmung mit Planung und Bau von Ver- und Entsorgungsanlagen (z. B. Kanal, Wasser, Energie, Telefon)

Bodenordnung

Erweiterung und Verbesserung der Hofstelle
- Flächenbedarf für die Entwicklung ermitteln
- Möglichkeiten für die Verwirklichung der erforderlichen Flächenerweiterung suchen
- Verwendung nicht benötigter Hofflächen planen
- Arbeitsflächen zweckmäßig gestalten
- Grenzänderungen auf geplante Gebäudeveränderungen abstellen
- Grenzen im Hinblick auf gemeinsame Wirtschaftsgebäude benachbarter Betriebe gestalten
- verkehrssichere und zweckmäßige Hofausfahrt schaffen

Flächenbereitstellung für gemeinschaftliche Anlagen
- Landwirtschaftliche Gemeinschaftsanlagen (Maschinenhalle) zu Hoflage und zu den künftigen Hauptwirtschaftsflächen orientieren
- Beeinträchtigung des Wohnens vermeiden (Lärm, Sicht)
- Auswirkungen auf Orts- und Landschaftsbild in Betracht ziehen

Flächenbereitstellung für öffentliche Anlagen
- Lage und Abgrenzung nach Plänen des Trägers der Anlage festlegen
- Möglichkeiten für die Verwirklichung der Flächenbereitstellung untersuchen, Alternativvorschläge entwickeln

Verkehrsverhältnisse

Umgehungsstraße
- stark frequentierte Ortsdurchfahrten bieten keinen Raum mehr für Kommunikation unter den Dorfbewohnern
- Umgehungsstraßen können den Ortscharakter stark ändern und neue Probleme aufwerfen
- der entleerte Verkehrsraum im Ort muß eine (neue) Funktion erhalten
- Beseitigung einer Engstelle kann billiger und zweckmäßiger sein als Bau der Umgehungsstraße

Ortsstraße
- Arbeits- und Kommunikationsraum vorsehen
- Ortsbild wird stark von der Ortsstraße geprägt
- gefährliche Kreuzungen, Einmündungen und Hofeinfahrten entschärfen

Linienführung:
- eine geschwungene Straße rückt viele Häuser erst ins rechte Bild
- Kurven begrenzen die Geschwindigkeit besser als Verkehrszeichen
- vorhandene Engstellen, auch optisch durch Kurven erzeugt, am Dorfeingang u. -ausgang können das Ortsbild großzügiger und damit bedeutungsvoller erscheinen lassen

Breite:
- die Straße zerschneidet Zusammenhänge nicht nur durch den Verkehr, sondern auch visuell
- Straßenbreite richtig dimensionieren
- Straße soll nicht Parkplatz sein
- Parkbuchten für öffentliche Verkehrsmittel, Schulbus, Milchsammelfahrzeuge vorsehen
- Straße, Radfahrwege und Gehwege möglichst durch Grünstreifen untergliedern oder durch verschiedene Beläge optisch voneinander absetzen

Wirtschaftswege im Dorf
- Trennung des landwirtschaftlichen Verkehrs vom Durchgangsverkehr anstreben
- zusätzliche Ortsausfahrten entlasten den Ortsverkehr

Ortsrandwege und rückwärtige Hoferschließung
- Entlastung des Innerortsverkehrs anstreben
- ortsbildbezogene Linienführung planen (unnötige Geraden vermeiden)
- Ringwege sind gut; Stichwege erfüllen oft den gleichen Zweck
- Abstand des Weges von der Bebauung so wählen, daß
  · Erweiterung der landwirtschaftlichen Betriebe möglich ist,
  · Anschlußwege zur Hofstelle nicht zu lang werden,
  · keine unwirtschaftlichen Restflächen verbleiben,
  · kein Anreiz für eine unerwünschte Wohnbebauung entsteht,
  · vorhandene Ortsrandeingrünung möglichst erhalten bleibt.

Parkplätze
- Parkplätze bereichern selten das Ortsbild; deshalb Bedarf sehr kritisch prüfen
- auf zweckmäßige Zuordnung zu öffentlichen Einrichtungen (z. B. Kirche, Friedhof, Schule) achten
- sorgfältig abschirmen und reichlich eingrünen; schattige Parkplätze sind gefragt
- Bäume durch Schutzgitter, Bordsteine usw. vor Verletzungen durch Fahrzeuge schützen
- größere Parkflächen gliedern und auf zweckmäßige, optisch gefällige Befestigung achten

Geh- und Radwege
- Anzahl und Breite den Erfordernissen anpassen
- Gehweg parallel zur Straße und unmittelbar am Fahrbahnrand ist nicht immer die optimale Lösung; Randsteine vermeiden kann optische Vorteile bringen

---

* aus: Bayerischer Gemeindetag, 4/1982, S. 58.

- Gehsteig mit anderem Belag als die Straße befestigen
- Unterhaltung (z. B. auch Schneeräumung) beachten

Wasserwirtschaft
- bei Hochwasserfreilegung prüfen, ob durch den Bau eines Speichers außerhalb des Dorfes der Ausbau unterbleiben kann
- unvermeidbaren Ausbau unter Berücksichtigung des Ortsbildes vornehmen
- natürliche bzw. naturnah ausgebaute Wasserflächen prägen das Ortsbild entscheidend
- Verrohrungen sehr kritisch prüfen
- Gewässer grundsätzlich in die Grünordnung einbeziehen
- Gewässer sind Bestandteile von Ruhe- und Erholungsraum
- Anlage von Brunnen und Dorfweihern erwägen

Gebäudesubstanz
Erhaltung und Pflege von Gebäuden
- Erhaltung und Erneuerung wertvoller vorhandener Bausubstanz ist einem Neubau vorzuziehen
- moderne Nutzungsansprüche lassen sich oft in alten Formen realisieren
- Erhaltungs- und Pflegemaßnahmen an einzelnen Gebäuden müssen sich in die Umgebung einfügen
- Plan für die Fassadengestaltung aufstellen

Abbruch von Gebäuden
- wertvolle alte Bausubstanz ist nicht wiederherstellbares Kapital
- Abbruch nur, wenn der Zweck der Flurbereinigung dies erfordert, z. B. zur Erweiterung landwirtschaftlicher Betriebe, besseren Verkehrsführung, Errichtung gemeinschaftlicher Anlagen, Ortsbildgestaltung
- Baudenkmäler (Ensemble) nur in Zusammenarbeit mit den Denkmalschutzbehörden verändern
- vorspringende, den Verkehr manchmal störende Gebäude sind oft ortsbildprägend
- geschlossene Straßenräume sollen nicht durch den Abbruch von Gebäuden geöffnet werden
- Abbruchvorhaben ortsplanerisch gründlich beurteilen, in kritischen Fällen Fachgutachten einholen

Neubauten
- Neubauten in die umgebende Bausubstanz einfügen
- bei Neubauten am Ortsrand auf Dorfsilhouette achten
- wo alt und neu in unüberbrückbaren Gegensätzen aufeinanderprallen, visuelle Trennung anstreben
- Neubaugebiete vom alten Ortskern absetzen und eingrünen

Ortsbild
- Baudenkmäler und besondere bauliche Anlagen (Ensemble) sind zu schützen
- im Dorf keine weitreichenden Perspektiven schaffen, Plätze und Straßen durch ortsbildprägende Einzelbäume gliedern
- Intensität dichter baulicher Siedlungen erhalten
- zweidimensionale Planung auf ihre dreidimensionale Wirkung überprüfen, in schwierigen Fällen Ortsplaner einschalten
- alle Maßnahmen der Dorferneuerung in ihren Auswirkungen auf das Ortsbild untersuchen
- ortsbildstörende Elemente beseitigen oder visuelle Trennung anstreben (Hecke und Baum sind bescheidene, aber langfristig wirkungsvolle Mittel)
- Gestaltung der Fassaden und Einfriedungen evtl. entsprechende Ortssatzungen der Gemeinde anregen,

Grünordnung

Erhaltung der Grünbestände
- bei allen Planungen vorhandenen Baum- und Strauchbestand schonen
- Flächen mit erhaltenswertem Bewuchs möglichst im öffentlichen oder gemeinschaftlichen Eigentum ausweisen
- Ersatz für entfernten alten Baumbestand wächst erst in Jahrzehnten nach

Neupflanzungen
- Ortsmitte, Ortsrand und Ortseinfahrten sind besonders bei der Grüngestaltung zu beachten
- auch Einzelbäume haben in Straßenräumen und auf Dorfplätzen starken ortsbildprägenden Charakter
- Eingrünen von landschaftsstörenden Bauwerken vorsehen
- Begrünung von Restflächen durchführen
- große mit einheitlichem Belag befestigte Flächen (Parkplatz, Dorfplatz etc.) durch ortsbildgerechte Einzelbäume oder Sträucher auflockern
- Abgrenzung der Straßen durch Hecken ist für beide Seiten schön und besser als Zäune und Mauern; am besten ist meist eine Rasenfläche
- Einbindung des Dorfes in die Landschaft anstreben (gliederndes Grün am Ortsrand entlang der Straße, Verbindung des Ortsgrüns mit Grünbeständen in der Feldmark schaffen; Grenzbereich neuer Ortserweiterungsgebiete gegenüber der Flurlage möglichst sofort eingrünen)
- bei Pflanzung von Einzelbäumen in der Ortschaft möglichst älteres Pflanzgut verwenden
- bei Grünanlagen die künftige Unterhaltung berücksichtigen

Freizeit und Erholung

Umfang der Anlagen
- erheben, welche Freizeitbedürfnisse bestehen (Eigenbedarf, Naherholung, Tourismus) Erhebungen bei Gemeinde, Schule, Kindergarten, Jugendgruppen, Fremdenverkehrsverbänden
- Anzahl der Personen ermitteln, die die Anlage voraussichtlich benützen. Erhebung anhand von Einwohnerstatistik mit Altersaufbau, Zahl der Wochenenderholer und Übernachtungszahlen des Fremdenverkehrs
- Mehrfachnutzung anstreben
- Pflege und Unterhaltung frühzeitig sicherstellen
- „Möblierung" vermeiden; dorfgemäße Gestaltung und Ausführung der Anlagen gewährleisten

Lage der Einrichtungen
- Benützerkreis hat Einfluß auf die Lage (z. B. Kleinkinder — Wohngebiet, Schulkinder — Dorfrand, Jugendliche — überschaubare Absetzung vom Dorf kann vorteilhaft sein)
- Anlage durch Fußweg entsprechend anbinden

Ausstattung der Flächen
- Fläche ist wichtiger als Ausstattung
- Fläche ist Treffpunkt, sie regt die Eigeninitiative der Benutzer zur Ausgestaltung an
- Ausstattung den Bedürfnissen der voraussichtlichen Benützer anpassen
- Spiel- und Sportflächen durch Bäume und Sträucher eingrünen und gliedern

Anhang 2

Bürgerinformation zur Dorferneuerung in Hüttenheim

LEITLINIEN ZUR DORFERNEUERUNG IN HÜTTENHEIM

- **Erhalten des Straßenraumes** in seiner jetzigen Form mit Pflasterrinne und unbefestigtem Randstreifen.
  - ▸ Anlegen von gepflasterten Gehwegen (Kleinsteinpflaster) ohne Bordstein
  - ▸ Abgrenzung zur geteerten Ortsdurchgangsstraße durch Pflasterrinne
  - ▸ Pflanzen von Bäumen

- **Erhalten des** alten fränk. **Dreiseithofes**
  - ▸ Ein- oder zweigeschossiges Wohnhaus mit seitlicher Hofeinfahrt (Hoftor).
  - ▸ Verbindungsbau, künftig nutzbar als Garage oder Geräteraum.
  - ▸ Querbau, ehemalige Scheune, künftig nutzbar als Wohn- und Betriebsgebäude.
  - ▸ Erhalten des Hoftores → Abgeschlossener, ruhiger Wohnhof.

- Der **geschlossene Ortsrand**, große Scheunen, muß für den Betrachter von außen erhalten bleiben.

- Bei Veränderungen im Innern des Ortes sind die **bestehenden Baulinien** aufzunehmen, kein Grenzabstand zur Straße!

WIE SOLL ERNEUERT WERDEN?
9 REGELN BEI UMBAU UND NEUBAU

Die Verschönerung des Ortsbildes ist gemeinsame Aufgabe aller Bewohner. Jeder einzelne kann dabei mitwirken, wenn er bei Umbauten und Neubauten Rücksicht auf das historische Ortsbild nimmt und die folgenden 9 Regeln beachtet:

1. <u>Dachneigung</u>: Im ganzen Ortskern ist das geneigte Dach mit mind. 45° beizubehalten.
2. <u>Dachdeckung</u>: Rote Ziegel, möglichst Biberschwanzziegel. 
3. <u>Gebäudegliederung</u>: Bei Neubauten u. Veränder. an Gebäuden ist auf ortstyp. Massstäblichkeit zu achten: Keine großen Fensteröffnungen, Balkone...
4. <u>Außenwände</u>: Keine Plattenverkleid., sond. Putzfassaden.
5. <u>Fenster</u>: - stehendes Format 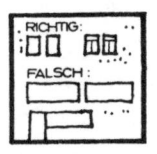
    - nur wenige Fensterformate am Haus
    - anstelle großer, ungeteilter und liegender Fenster besser Reihung des Grundformats.
6. <u>Fensterläden</u>: - <u>Klappläden</u> aus Holz beibehalten. 
    - <u>Rolladenkästen</u>: bei nachträglichem Einbau Streichen des Kastens wie Putz- oder Gewände.
    - bei <u>Neubauten</u>: Fenstereinfassung in Putz oder Farbe.
7. <u>Türen</u>: Holztüren, der Bauform angepaßt oder auch dunkel-eloxierte Aluminium Türen 
8. <u>Vordächer + Balkone</u>: massiv in Holz oder Ziegel.
9. <u>Hoftore</u>: möglichst beibehalten, da typisch für das fränk. Dorf, aus Holz.

FÖRDERUNGSMASSNAHMEN

1. Förderung der Dorferneuerung   Höhe der Förderung:
    Informationen: Flurbereinigungsdirektion Würzburg.

- Verbesserung des innerörtl. Verkehrs   75% d. Kosten
  Rückw. Erschliessung, Ortsstr., Gehwege
- Anlage von dorfgemäßen Parkplätzen   75% d. Kosten
  Spiel- + Bolzplätzen, Grünflächen
- Erhaltung + Gestaltung landwirtsch.   30% d. Kosten
  Bausubstanz mit ortsbildprägen-   bis 15000.-DM
  dem Charakter (Fassaden, Dächer)
- Neubau, Umbau, Ausbau, Modernisierung   15% d. Kosten
  +Instandsetzung landw. Wohn- und   bis 10000.-DM
  Wirtschaftsgebäude.
- Landw. Gemeinschaftsanlagen   30% d. Kosten
  (Maschinenhallen)   bis 25000.-DM
- Maßn. zur Erhaltung+ Gestaltung des Ortsbildes   30% d. Kosten
  Marktplatzgestaltung, Einfriedungen   bis 15000.-DM

- Erwerb + Abbruch von Gebäuden für vorge-   75% d. Kosten
  nannte Maßnahmen

2. Wohnungsmodernisierungsgesetz
    Informationen: Landratsamt Kitzingen

3. Förderung des sozialen Wohnungsbaus
    Informationen: Landratsamt Kitzingen

4. Beihilfen der Denkmalpflege
    Informationen: Bayer. Landesamt für Denkmalpflege
                München

5. Zuschüsse der Gemeinden und Landkreise
    Informationen: Landratsamt Kitzingen

6. Steuervergünstigungen:
    Informationen: Finanzamt Kitzingen

Verfasser: C. Kolb/AB
Mai 1979

Anhang 3

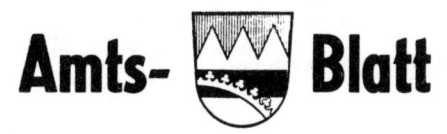

Amts- Blatt
des Landratsamtes Hofheim i. UFr.

| Nummer 11 | Mittwoch, 10. Juni | 1970 |

I n h a l t : Gemeindeverordnung über die Baugestaltung im Altstadtbereich der Stadt Königsberg i. Bay., Landkreis Hofheim i. UFr.

Gemeindeverordnung
über die Baugestaltung im Altstadtbereich der Stadt Königsberg i. B., Landkreis Hofheim i. UFr.

I.
Erläuterung

Die Stadt Königsberg i. Bay. verfügt über eine Altstadt mit einheitlicher städtebaulicher u. architektonischer Gestaltung". Das ausgewogene Altstadtgebiet wurde durch Bauten geprägt, die zum großen Teil nach dem Stadtbrand im 30jähr. Krieg 1632 im Hinblick auf die damalige Bedeutung Königsbergs als Amtsstadt einer Enklave sächsischer Herzöge (zuletzt Sachsen-Coburg-Gotha) in einem verhältnismäßig kurzen Zeitraum entstanden. Der Anschluß des Amtes Königsberg mit den zu dieser Enklave gehörenden Ortschaften erfolgte an Bayern durch den Coburger Staatsvertrag mit Wirkung vom 1. Juli 1920. Von Zerstörungen des 2. Weltkrieges 1939/45 verschont, was der Bürgerschaft erst recht eine Erhaltungsverpflichtung auferlegen sollte, ist die Altstadt heute nicht zuletzt Studienobjekt für Historiker und Kunstkenner. So gesehen unterliegt der gesamte Altstadtbereich erhöhten denkmalpflegerischen Anforderungen. ("Siehe Scherzer „Franken II" Seite 263).

Dabei spielt der Holzfachwerkbau in handwerksgerechter Ausführung und selbst in einfacher Ausführung bei Nebengebäuden, Scheunenfassaden u. a., eine ortsbildprägende Rolle.

Auch wenn hier und da die Einheitlichkeit durch einzelne Neu- und Umbauten gestört wurde, ist die Erhaltung, das Pflege und die Wiederherstellung des überkommenen Stadtbildes wegen seiner in dieser ausgewogenen Art in Franken seltenen Erscheinungsform ein Anliegen von hohem kulturgeschichtlichen Rang.

Dabei soll diese Verordnung keinesfalls gegen die Verbesserung der Wohnverhältnisse i n n e r h a l b der Altbauten gerichtet sein. Wie durchgeführte Baumaßnahmen sichtbar machen, lassen sich Althäuser durchaus nach den neuesten Erfahrungen und Erkenntnissen des Baugewerbes modernisieren, ohne daß das äußere Bild dadurch stilbrechend verändert werden mußte. Es muß daher den Bürgern dieser Stadt zugemutet werden, ihre Bauvorhaben in das Gesamtbild der Altstadt einzuordnen und dafür in vertretbaren Grenzen auch finanzielle Mehraufwendungen hinzunehmen. Der Hinweis, daß Eigentum gegenüber der Gesamtheit verpflichtet, sei an dieser Stelle erlaubt (Art. 14 Abs. 2 Grundgesetz, Art. 158 Bayer. Verfassung). Dieser finanzielle Mehraufwand fällt abei erfahrungsgemäß im Verhältnis zu den Gesamtkosten nach Abzug von einmaligen Zuschüssen in der Regel selten hart fühlbar ins Gewicht, vor allen Dingen, wenn vor der Durchführung der Bauvorhaben eine fachmännische Beratung in Anspruch genommen wird.

Der Stadtrat als legitimierter Vertreter der Bürgerschaft ist sich daher der Verpflichtung bewußt, das mittelalterliche Altstadtbild in seiner Eigenständigkeit und seinen wesentlichen gestalterischen Erscheinungsformen auch nachfolgenden Generationen zu erhalten. Zu diesem Zweck ergeht diese Verordnung, die den denkmalpflegerischen Vorstellungen über die Gestaltung des Altstadtbereiches im Zuge künftiger Baumaßnahmen Ausdruck geben soll.

Damit kein Zweifel über die Folgen der Nichtbeachtung dieser Verordnung entsteht, werden nachstehend die maßgebenden gesetzlichen Bestimmungen wiederholt:

Baueinstellung und Beseitigung rechtswidrig erstellter Anlagen

(1) Werden Anlagen im Widerspruch zu dieser Verordnung errichtet, geändert oder abgebrochen, so kann die Kreisverwaltungsbehörde die Einstellung der Arbeiten anordnen (Artikel 99 BayBO).

(2) Die Baubeseitigung richtet sich nach Art. 100 BayBO. Werden Anlagen im Widerspruch zu dieser Verordnung errichtet, geändert oder widerrechtlich benutzt, so kann die Kreisverwaltungsbehörde die Beseitigung der Anlagen anordnen bzw. die Benutzung untersagen.

(3) Wer dieser Verordnung zuwiderhandelt, hat nicht nur eine Geldbuße nach § 18 zu erwarten, sondern muß mit der Beseitigung des rechtswidrigen Zustandes rechnen und die damit verbundenen einschneidenden Kosten tragen. Den Eigentümern der unter diese Verordnung fallenden Grundstücke wird daher eine Ausfertigung der Verordnung überlassen.

Betreten der Grundstücke

Die mit dem Vollzug dieser Verordnung Beauftragten sind berechtigt, in Ausübung ihres Amtes Grundstücke und bauliche Anlagen einschl. der Wohnungen zu betreten (Art. 101 BayBO). Das Grundrecht der Unverletzlichkeit der Wohnung wird insoweit eingeschränkt.

Den Grundstückseigentümern wird daher in jedem Falle angeraten, sich rechtzeitig vor jeder baulichen Veränderung von der Stadtverwaltung oder dem Kreisbauamt beraten zu lassen.

II.
Gemeindeverordnung
über besondere Anforderungen an die Gestaltung von baulichen Anlagen im Altstadtbereich der Stadt Königsberg i. Bay., Landkreis Hofheim i. UFr.

Die Stadt Königsberg erläßt auf Grund des Art. 107 Abs. 1 und 2 der Bayer. Bauordnung (BayBO) vom 1. 8. 1962 (GVBl. S.

65

179) in der Fassung der Bekanntmachung vom 21. 8. 1969 (GVBl. S. 263) die folgende Verordnung über besondere Anforderungen an die Gestaltung von baulichen Anlagen und Werbeanlagen im Altstadtbereich der Stadt Königsberg i. Bay., Landkreis Hofheim i. UFr.

Sie wurde mit Entschließung der Regierung von Unterfranken vom 28. April 1970 Nr. II/5 — 158 a 1 für vollziehbar erklärt.

§ 1
Geltungsbereich

Diese Verordnung gilt im Bereich der Altstadt (siehe Anlage 1). Sie betrifft die Errichtung, die Änderung, die Instandsetzung, die Unterhaltung und den Abbruch baulicher Anlagen und Werbeanlagen, auch so weit es sich um nach der BayBO genehmigungsfreie Vorhaben handelt und ohne Rücksicht darauf, ob sie im einzelnen unter Denkmalschutz stehen oder nicht.

§ 2
Grünflächen und Bepflanzungen

(1) Bestehende vor der alten Stadtmauer liegende Grünflächen sind von jeglicher Bebauung freizuhalten, insbesondere der im Flächennutzungsplan ausgewiesene Grünstreifen. Ausgenommen sind Gartenhäuschen (Unterbringung von Geräten) im bisher zugelassenen Rahmen.

(2) Die Stadtmauer und ihre historischen Anbauten sind zu erhalten. Die Bepflanzung des vor der Stadtmauer liegenden südlichen Teils des Schloßberges hat sich nach dem bestehenden Bewuchs zu richten. Eine Aufforstung ist zum Schutze der Stadtmaueransicht unzulässig.

§ 3
Ortsbild

(1) Die Errichtung, Änderung oder Instandsetzung von baulichen Anlagen ist aus dem Bestand heraus zu entwickeln. Bauliche Anlagen müssen in Stellung, Form, Umfang und Gestaltung den Erfordernissen des gesamten Ortsbildes entsprechen und sich den benachbarten Gebäuden harmonisch einfügen.

(2) Nebengebäude einschl. Garagen haben sich in Stellung, Gestaltung und Werkstoff dem Hauptgebäude anzupassen und in ihrer Größe unterzuordnen.

(3) Bei der Beurteilung von Gestaltungsfragen sind die Gesichtspunkte der Denkmalpflege maßgebend. Im übrigen sind insbesondere bei der Durchführung baulicher Maßnahmen die Empfehlungen von behördlichen Sachkundigen zu berücksichtigen.

(4) Schadhafte oder verwahrloste bauliche Anlagen oder Teile davon sind auf Anordnung des Landratsamtes binnen einer angemessenen Frist entsprechend herzurichten, instandzusetzen oder zu entfernen. Darunter fallen insbesondere Hausfassaden, Haustore, Einfriedungen, Außenanlagen von Gebäuden an öffentlichen Straßen und Plätzen u. a.

§ 4
Bau- und Kunstdenkmale, denkmalschutzwürdige Bauten

(1) Die Änderung oder die Beseitigung von baulichen Anlagen oder Teile baulicher Anlagen mit geschichtlichem, kunst- oder kulturgeschichtlichem Wert ist unzulässig. Dies gilt besonders hinsichtlich der alten Burganlagen, Mauern, Türme, Tore, Gebäude, Fassaden, Tür- und Fensterfassungen, alte Holzfachwerke, Haus- bzw. Balkenmalereien und Inschriften u. ä.

(2) Die betroffenen baulichen Anlagen sind in der Anlage 2 aufgeführt.

§ 5
Inschriften und figürliche Schnitzwerke

(1) Kunst-, kultur- oder geschichtliche Inschriften und Schnitzwerke sind im Wortlaut, in der Darstellung und in der Ausführung zu erhalten.

(2) Die Gebäude mit Inschriften und Schnitzwerken sind in der Anlage 2 aufgeführt.

§ 6
Lage, Abstand und Grundfläche der Bauten

(1) Die überwiegend ortsübliche Bauweise ist an den Straßenzeilen einzuhalten.

(2) Bei Umbau, Wiederaufbau oder bei Ausfüllung von Baulücken haben sich die Baukörper in die vorhandene Stellung der Nachbargebäude (Firstlinie, Giebelstellung etc.) sowie in die Bauflucht einzufügen.

(3) Das unmittelbare Anbauen an die Grenze kann für Vorder-, Seiten- oder Rückgebäude zugelassen werden, wenn:

a) sich die Nachbarn über eine gleichzeitige und übereinstimmende Grenzbebauung einigen, worüber der Nachweis durch geeignete Planvorlage und die Zustimmungserklärung des Nachbarn zu erbringen ist; oder

b) dadurch ein vom Nachbarn auf der Grenze bereits errichtetes Gebäude zu einem einheitlichen Baukörper ergänzt wird (Art. 6 Abs. 8 BayBO); oder

c) eine Erklärung des Nachbarn dahingehend vorliegt, daß der Erstbauende an die Grenze baut und der Nachbar sich verpflichtet, innerhalb eines geringen Zeitabstandes an dieses Gebäude anzubauen.

Der Bau ist dann so zu gestalten, daß der Nachbar später in übereinstimmender Weise anbauen kann und das Gesamtbild nicht gestört wird, solange der Anbau fehlt.

(4) Geschoß- und Sockelhöhe werden durch die Gebäude der unmittelbaren Umgebung bestimmt.

In Zweifelsfällen ist die Traufhöhe maßgebend.

§ 7
Dächer

(1) Dächer sind in ihrer Form, Firstrichtung und Neigung sowie ihrem Baustoff mit Rücksicht auf das Ortsbild zu gestalten. Die Dachkehlen sollen farblich den verwendeten Dachziegeln oder dem Schiefer angepaßt werden, oder so dicht geschlossen sein, daß die Blechverwahrungen nicht sichtbar werden.

(2) Die Schornsteine sollen möglichst am Dachfirst austreten.

(3) Zink-Aluminium und zementgebundene Platten (z. B. Eternit) oder Kunststoffe u. ä. dürfen als Dachdeckung nicht verwendet werden.

(4) Dachausbauten (Dachgauben) sind nicht zulässig. Sie können in Ausnahmefällen genehmigt werden, wenn sie sich in Form und Größe unterordnen, das Dach nicht verunstalten und das Ortsbild nicht beeinträchtigen.

§ 8
Außenwände

(1) Das vorhandene Holzfachwerk ist im gesamten Altstadtbereich (siehe § 1) zu erhalten. Der Verputz von Fachwerk ist unzulässig. Das gilt für Wohngebäude wie für bauliche Nebenanla-